〈말씀과 언약 소책자 시리즈 4〉

죽음, 그리고

죽음 이후의 삶

이승구

남송 신학 석좌 교수

합동신학대학원대학교

도서출판 말씀과 언약

2024

죽음, 그리고
죽음 이후의 삶

죽음 그리고
죽음 이후의 삶

출판일 · 2024년 5월 31일
지은이 · 이승구
펴낸이 · 김현숙
편집인 · 윤효배
펴낸곳 · 도서출판 **말씀**과 **언약**
　　　　서울시 서초구 명달로15길 11, 402호
　　　　T_010-8883-0516
디자인 · Yoon & Lee Design

ISBN : 979-11-987009-2-6 (93230)

가격 : 6,000원

On Death and the Life after Death

by

Seung-Goo Lee

Namsong Professor of Divinity

Hapdong Theological Seminary

The Word and the Covenant Press

2024

이 책은 합동신학대학원대학교 생명윤리 석사 과정의
2023년 2학기 마지막 강의이며,
박상은 원장을 기념하여 열린 공개 강좌인
"죽음과 죽음 이후의 삶"을 그대로 풀어
제시한 강의록이라고 할 수 있습니다.

이 내용을 열심히 들으시면서
많은 시간을 들여서 풀어 주신
언약 교회의 귀한 남정혜 선생님께 감사드립니다.

이 내용이 많은 성도들의 마음에 전달되기를 위해
출간 비용을 감당하시는 손길에도 깊은 감사를 표합니다.
주께서 귀한 분들을 마음을 받으시어
이 책을 의미 있게 사용하여 주시기를 바랍니다.

또한 이런 후원으로
이 땅에 개혁파적 사상이 가득하게 될 수 있기를 기원합니다.

차 례

들어가는 말

우리는 2023년 가을 학기 동안 한 학기 내내 죽음에 대해서 이야기했습니다.[1] 그리고 우리는 갑자기 박상은 선생님의 죽음을 맞이했습니다. 그런데 그 죽음이 이 세상 사람들의 생각처럼 극단적 슬픔은 아닌 것은, 우리가 이 강의에서 논의하고 또 성경에 근거해서 모두 믿고 있듯이 믿는 우리들에게는 죽음 이후의 삶(the life after death)이 있기 때문입니다. 우리는 이 점을 정확하게 이해해야 합니다. 예수 그리스도를 믿는 사람들은 모두 다 이런 바른 성경적 이해를 가지고 있어야 합니다.

우리들은 이 세상 사람들과 죽음 자체도 다르게 이해하고, 죽음 이후의 상태에 대해서도 다르게 이해하며, 또 그다음에 오는 상태에 대해서도 다르게 이해합니다. 죽음, 죽음 이후의 상태, 그리고 그다음에 있는

---

[1] 이 강연이 기독교 생명 윤리 전공의 석사(M. A.) 과정의 두 번째 학기인 2023년 2학기 필수 과목의 하나로 박상은 원장님께서 인도하시던 "인간 생명의 끝에 대한 윤리적 논의"의 종강 강의였기에 이렇게 말하는 것임을 유념해 주십시오.

최종적 상태에 대해서 차례로 생각해 봅시다. 이것이 그리스도인에게는 죽음(death), 죽음 이후의 삶(the life after death), 그리고 죽음 이후의 삶 이후의 더 풍성한 삶(the life after the life after death)으로 요약될 수 있습니다. 끝까지 믿지 않은 사람들에게는 고난의 삶과 아주 비참한 죽음, 죽음 이후의 비참함, 그 이후의 소망이 없는 영원한 죽음으로 요약되는 일련의 과정이 있게 됩니다.

　　죽음으로부터 시작해 봅시다. 이 세상 사람들이 죽음을 이해하는 것과 그리스도인이 죽음을 이해하는 것은 어떻게 다른 것일까요? 먼저 이 문제부터 생각해 보기로 합시다.

1

죽음과 죽음에 대한 이해

믿는 우리는 죽어도 살아있다.

물리적 죽음과 그 의미

- 몸과 영혼의 분리
  → "몸의 죽음" (마 10:28 상: "몸은 죽여도 영혼
  은 능히 죽이지 못하는 자들을 두려워하지 말
  고"(καὶ μὴ φοβεῖσθε ἀπὸ τῶν ἀποκτεννόντων
  τὸ σῶμα τὴν δὲ ψυχὴν μὴ δυναμένων
  ἀποκτεῖναι).
- Craig L. Blomberg (1992), 177; David L.
  Turner (Baker, 2008), 279.
- John W. Cooper, *Body, Soul and Life
  Everlasting* (Eerdmans, 1989).

죽음에 대한 성경적 바른 이해는 어떤 것입니까? 이 세
상에서 우리가 죽을 때 그것은 오직 몸이 죽는 것입니다.
그것을 '물리적 죽음'(physical death)이라고 하지요. 몸은
죽어도 영혼은 죽지 않습니다. 하나님께서 인간을 그렇
게 만드셨기 때문입니다. 이것도 아주 놀라운 것입니다.
믿는 사람이나 믿지 않는 사람이나 죽는 것은 몸이 죽는
것이고, 죽어도 그 영혼은 살아있습니다. 이것이 성경적
이해입니다.

박상은 선생님이 아주 대표적인 예입니다. 지금 몸은 죽어서 화장을 해서 그것을 우리가 다 빻아서 그것을 다 땅에 묻었습니다. 그러나 영혼은 능히 죽이지 못합니다. 그 누구도 영혼은 죽이지 못합니다. 예수님께서 친히 다음과 같이 말씀하셨지요? **"몸은 죽여도 영혼은 능히 죽이지 못하는 자들을 두려워하지 말고, 오직 몸과 영혼을 능히 지옥에 멸하는 분을 두려워하라"**(마 10:28).

하나님께서만 끝까지 믿지 않는 사람의 "몸과 영혼을" 지옥에 멸하시는데, 이때 '멸한다'고 하는 것은 그것이 없어진다는 말이 아닙니다. 안 믿는 사람도 그 영혼은 잔존하고, 또한 나중에 다 부활할 것입니다. 믿지 않는 사람들은 그 부활한 몸으로 심판을 받고 영원토록 형벌을 받게 되기 때문입니다.

그러면 돌아가신 분들의 지금 현재 상태는 어떤 상태인가요? 몸이 죽어 있는 상태이지요? 지금 박상은 선생님과 같이 몸이 죽어 있는 상태입니다. 이 생각이 굉장히 중요합니다. 이것은 사람이 두 부분으로 구성되어 있음을 잘 드러내는 말입니다. 건전한 사람들은 다 그것을 인정합니다. 생명 윤리 과정에 있는 분들은 존 쿠퍼 교수님의 『몸, 영혼, 그리고 영원한 생명』(*Body, Soul and Life Everlasting*)이라는 책을 잘 알고 있습니다. (한 학기 내내 김병훈 교수님하고 열심히 공부한 책이기 때문에 여러분들이 이 책을 절대로 잊어버리지 않으시겠지요? 고생하면서 배운 것은 절대로 잊어버리지 않습니다. 쿠퍼 교수님도 여러분은 안 잊어버릴 것입니다. 김병훈 교수님께서는 쿠퍼 교수님에게서 몇 학기 배웠고요, 저는 2000년 여름에 방문 학자(visiting scholar)로 칼빈대학에 갔을 때 몇 가지 이야기를 나눴을 뿐입니다. 그러니 쿠퍼 교수님은 김병훈 교수님께서 더 잘 아시는 분입니다.)

존 쿠퍼 교수님은 칼빈 신학교에서 철학적 신학(philosophical theology)을 가르치시는 분인데 우리 입장에 아주 가까운 입장을 가지시면서 논의하시는 분입니다. 이 책은 1989년도에 나온 책입니다.[2] 이 문제에 대해서도 우리 입장과 똑같은 입장을 잘 말하고 있습니다. 성경이 말하는 대로 "몸은 죽어도 영혼은 죽지 않는 것이다"는 것을 분명히 합니다. 그런 이해에 의하면, 몸이 죽었을 때 어떻게 됩니까? 악독하게 핍박하는 자들이 우리를 죽인다고 했을 때, 그들은 오직 우리 몸의 생명만을 그치게 할 뿐이지 우리의 영혼은 지속성을 지니고 하나님 앞에 서 있는 것입니다.

---

[2] John W. Cooper, *Body, Soul and Life Everlasting* (Grand Rapids: Eerdmans, 1989).

고대 그리스 사상의 문제점(1)

영혼의 불멸성은 믿지 않는 사람들도 어느 정도 인정하는 일이 있었습니다. 물론 그분들이 우리처럼 성경적인 영혼 개념을 가지고 있지는 않습니다. 두 가지 예를 들어 봅시다. 하나는 고대 그리스 사람들입니다. 고대 그리스 사람들도 사람이 몸과 영혼으로 구성되었다고 생각했었습니다. 그래서 그 사람들도 죽음에 대해서 어느 정도는 우리하고 비슷하게 이야기합니다. 고대 그리스 사람들이 죽음과 사후 상태에 대해서 아주 다양하게 생각하기는 했지만,[3] "죽음은 몸과 영혼의 분리다"라고 하는 것에 있어서는 다들 비슷하게 생각했습니다.[4] 물론 문제는 그

---

[3] 고대 그리스 사람들의 사후 세계 이해의 다양성을 잘 드러낸 책으로 George Alexander Gazis & Anthony Hooper, eds., *Aspects of Death and the Afterlife in Greek Literature* (Liverpool: Liverpool University Press, 2021)을 보십시오.

[4] 가장 대표적인 예로 "죽음은 영혼이 몸으로부터 분리되는 것에 불과하지 않는가?"는 심미아스(Simmias)의 질문에 대해서 "그렇다"고 대답하는 소크라테스의 말을 전하고 있는 Platon, *Phaedo*, 64c를 보십시오. Cf. Plato, *Platonis Opera*, ed., John Burnet (Oxford University Press. 1903), available at: https://www.perseus.tufts.edu/hopper/text?doc=Perseus%3Atext

것에 대해서 고대 그리스 사람들이 우리와 똑같은 이해
를 가지고 있지 않다는 것입니다. 그래서 이 문제에 대해
서 잘 생각해야 합니다. 단지 고대 그리스 사람들도 죽음
을 몸과 영혼의 분리라고 생각하고 따라서 영혼의 불멸
성을 생각하는데, 굳이 그것에 대해서 "아니다"라고 할
필요는 없다는 말입니다.

%3A1999.01.0169%3Atext%3DPhaedo%3Asection%3D64c=Plato,
Plato in Twelve Volumes, vol. 1, trans. Harold North Fowler
(Cambridge, MA, Harvard University Press & London, William
Heinemann   Ltd.,   1966),   available   at:
https://www.perseus.tufts.edu/hopper/text?doc=plat.+phaedo+64c.

오스카 쿨만과 그의 기여와 문제점

그런데 고대 그리스 사람들이 영혼불멸설을 주장했으니 우리는 그런 입장을 가져서는 안 된다고 하면서, '성경은 그와는 다른 이야기를 한다'고 주장하는 분들이 계십니다. 그 중의 대표적인 분이 오스카 쿨만(Oscar Cullmann, 1902-1999)입니다.

오스카 쿨만은 이를 테면 20세기를 온전히 사신 분입니다. 우리들은 20세기와 21세기에 걸쳐서 살고 있지 않습니까? 그런데 쿨만은 1902년 태어나서 1999년에 돌아가셨습니다. 유명한 신약학자인 이분은 임직한 목사님은 아니셨습니다. 이분은 알사스 로레인 지역의 루터파 교회에 속해 있었던 성도였습니다.

이분의 입장은 좀 중도적이었다고 할 수 있습니다. 우리의 입장은 성경을 철저히 잘 믿자는 것이지요. 이에 반해서 자유주의자들은 성경 중에서 하나님의 말씀을 찾아내어 그것을 중심으로 생각하려고 하고, 나머지는 하나님의 말씀이 아니라고 합니다. 그런데 쿨만은 그 중간쯤 되는 입장을 지니고 있습니다. 중간에서 우리에게 조금 가까운 입장이라고 할 수 있습니다. 그래도 여전히 성경을 비평적으로 바라보면서 논의하는 쿨만은 스트라스부르(Strasbourg)에서 1902년 2월 25일에 출생하셔서 후에 스위스의 바젤(Basle) 대학교에서 신약학 교수를 했습니다. 이렇게 스위스 바젤에서 교수를 한 후에 샤모니(Chamonix)에서 99년도에 돌아가셨습니다.

스위스의 '바젤'(Basle) 하면 또 한 사람 아주 유명한 사람이 떠오르지요? 그 사람이 칼 바르트(Karl Barth)입니다. 오스카 쿨만이 중간에서 우리와 좀 더 가까운 위치에 있다면, 칼 바르트는 해석하기에 따라 다르기는 하지만, 중간에서 좀 더 먼 곳에 있는 신학자였다고 할 수 있습니다. 그 다음에 자유주의자들은 아주 저쪽에 있다고 할 수 있습니다. 그러니까 이분들이 오늘날의 신학계의 넓은 스펙트럼에서 중도에 있는 분들이라고 말할 수 있겠습니다.

여기서 '중도파는 좋은 것이지요.'라고 생각하면 안 됩니다. 왜냐하면 오늘날의 신학계의 넓은 스펙트럼에서 중도파에 속했다고 하는 분들도 성경을 철저히 다 믿지는 않기 때문입니다. 그런데 바르트가 쿨만에게 "당신은 3명의 교황에 대해서 어드바이저(adviser) 역할을 하는 사람"이라는 묘비명이 있을 것이라고 농담 삼아 말한 일이 있습니다. 왜 그랬습니까? 쿨만이 천주교의 질문에 대해서 여러 대답을 해주었던 것으로 유명하거든요.

그보다 쿨만이 더 유명해진 것은 하나님 나라에 대한 그의 표현 때문입니다. 쿨만은 "하나님의 나라가 우리에게 예수 그리스도를 통하여 이미 임하여 왔다; 그러나 아직 아니다."라는 것을, 다른 많은 신약학자들과 같이 신약 성경 연구를 통해 잘 밝혀 주었습니다.[5] 그러면

---

5 이것을 잘 밝히고 주장한 사람들로는 게할더스 보스(1862-1949), 헤르만 리덜보스(1909-2007), 브루스(F. F. Bruce, 1910-1990), 죠오지 래드(1911-1982), 레온 모리스(1914—2006), 도날드 거뜨리(1916-1992), 얼 엘리스(Edward Earle Ellis, 1926-2010), 리처드 롱에네커(1930-2021), 월터 카이저 (1933), 그레엄 골즈워디(Graeme L. Goldsworthy, 1934), 리처드 개핀(1936), D. A. 카슨(1946), [그리고 근자의 토머스 R. 슈라이너 (Thomas R. Schreiner, 1954-), 제임스 해밀턴, G. K. 비일, 크레이그 L. 블롬버그, 스콧 맥나이트(1953)] 같은 복음주의자들과 좀 더 중도적인 오스카 쿨만(1902-1999), 찰리 모울(1908-2007), 바레트(Charles Kingsley Barrett, 1917- 2011), 페터 슈툴마허(1932), 하워드 마샬(1934-2015), 리처드 보컴(1946), 톰 라이트(1948), Scott Jack Hafemann (1954) 같은 분들, 그리고 Reginald Horace Fuller (1915-2007), 영국 출신으로 괴팅겐에서 학위를 하고 에모리 대학교와 시카고 대학교에서 가르쳤던 편집 비평으로 유명한 노르만 페린(1920-1976), 위르겐 몰트만(1926), 모르나 후커(1931), 그리고 제임스 던(1939-2020) 같은 좀 더 자유롭게 생각하는 분들까지 다 포함됩니다. (자세한 서지 정보는 이승구, 『교리사』 [수원: 합신대학원출판부, 2023], 975-76을 보십시오). 따라서 같은 말이어도 학자들에 따라서 의미가 상당히 다르다는 것을 유념하면서 생각하고 논의해야 합니다.

서 이것을 사람들에게 잘 설명하기 위해서 연합군이 2차
세계대전에서 승리한 과정의 예를 가지고 설명했는데,
이 설명으로 쿨만이 아주 유명해졌다고 할 수 있습니다.
제2차 세계대전에서 노르망디 상륙 작전은 전체 전쟁의
전세(戰勢)를 역전시킨 굉장히 중요한 사건이 됩니다.
1943년부터 그 계획을 세웠지만 '어느 날 상륙 작전을
한다'는 것을 아무도 모르게 해야 했습니다. 다 알게 상
륙 작전을 하면 성공할 수 없으니, 아무도 모르게 해야
하지요. 이렇게 실제 상륙 작전에 이루어지는 날을 '결
정적인 날'(decisive day)이라고 했습니다. 그래서 D-day
라고 하지요. 그때 그런 말을 쓴 다음에 이 세상에서 그
런 말을 많이 쓰게 되었습니다. 심지어 우리나라 학생들
수학 능력(수능) 시험을 보는데도 그 말을 사용하기도 합
니다. 예를 들어서 D-165일 그러면서부터 고등학교 2학
년 학생들이 준비하지요. 제2차 세계대전 때 D-day
(Decisive day)인 그날 상륙 작전을 한 것에 빗대어 쓰는
것입니다. 그날인 1944년 6월 6일에 2차 대전의 전세는
역전되었지요.[6] 물론 그날 전쟁이 끝난 것은 아닙니다.

---

[6] 물론 정확히 역사적 사실을 따지자면 상륙 작전 당일 약 1만 명
의 연합군 사상자가 발생했고, 가장 치열한 전투가 있었던 오마하 비치에서
미군은 2천 명의 전사자와 많은 부상 및 실종자를 내었다고 합니다. 그러나
이 노르망디 상륙 작전으로 독일의 멸망을 앞당겼으며, 소련군이 130개 군
사단으로 열흘 만에 독일 야전군을 괴멸시키고, 35만 명을 살상하거나 생포
하여 독일이 망하도록 하는 원인이 되었다고들 판단합니다. 그래서 노르망디

전쟁은 그 후에도 거의 1년을 이어가서 유럽에서 전쟁이 끝나는 날은 히틀러가 죽고 독일이 무조건 항복하는 날이었습니다(1945년 5월 8일). 그것을 'VE Day'(Victory in Europe Day)라고 합니다.

이와 같이 '결정적인 날'(Decisive day)이 있어서 이때 모든 결정적 전투가 이루어졌고 아직 전쟁은 계속되고 있지만 이제 더 이상 전세가 '뒤집힐 수는 없다'라는 의미로, 하나님의 나라가 예수 그리스도를 통하여 이 세상에 이미 왔는데 '그러나 아직은 그것이 온전히 다 온 것은 아니다'라고 하는 것을 잘 설명하는 방식을 쿨만이 제시한 것입니다. 이와 비슷한 생각은 여러 사람이 했지만, D-day와 VE Day로 설명한 사람은 오스카 쿨만입니다.[7] 그는 『역사 안에서의 구원』이라고 하는 책도 쓰고 했습니다.[8] 이 점에 있어서는 쿨만이 큰 기여를 했다고

상륙 작전도 엄청난 희생으로 얻은 승리라고들 말합니다.

[7] Cf. Oscar Cullmann, *Christus und die Zeit: Die urchristliche Zeit- und Geschichtsauffassung* (Zollikon-Zürich: Evangelischer Verlag 1946), trans. Floyd V. Filson, *Christ and Time: The Primitive Christian Conception of Time and History* (London: SCM Press, 1951), 김근수 역, 『그리스도와 시간』 (서울: 나단, 1987).

[8] Oscar Cullmann, *Heil als Geschichte: heilsgeschichtliche Existenz im Neuen Testament* (Tübingen: J.C.B. Mohr (Paul Siebeck), 1965), trans. Sidney G. Sowers, *Salvation in History* (London: SCM Press, 1965). 김광식 번역, 『구원의 역사』 (서울: 대한기독교서회 1978).

할 수 있습니다. 물론 이때도 양식 비평의 방식을 포기하고 있지 않기에 우리가 성경에 접근하는 것과는 다른 접근을 하고 있음을 분명히 하면서 주의해야 합니다.

그런데 쿨만의 또 다른 저서인 『영혼의 불멸성과 죽은 자의 부활』은[9] 흥미로우면서도 좀 더 심각한 문제를 지닌 책입니다. 이 책에서 쿨만은 플라톤주의자들은 영혼의 불멸성을 믿는 것이라고 정확히 말했습니다. 그런데 좀 더 나아가서 영혼의 불멸성이 고대 그리스적 신념이라고 단언합니다.[10] 그래서 성경을 믿는 사람들은 영혼의 불멸을 믿는 것이 아니고, 죽은 자들의 부활을 이야기하는 것이라고 너무 대조적으로 제시하면서 그 둘 중 하나를 분명히 선택해야 한다고 했습니다. 이것은 정말 문제입니다. 그런 식으로 말하자면, 성경을 참으로 믿는 우리는 (1) 영혼의 불멸성과 (2) 죽은 자들로부터의 부활, 그 둘을 다 믿는 사람입니다. "죽어도 우리의 영혼은 죽이지 못한다. 믿는 사람들의 영혼은 지금 하나님께서 계시고, 그리스도께서 계시는 '하늘'(heaven)에 있다."는 것을 분명히 믿는 것입니다.

---

9 Oscar Cullmann, *Immortality of the Soul; or, Resurrection of the Dead?: The Witness of the New Testament.* Ingersoll Lecture, 1955 (London: Epworth, 1958).

10 Cullmann, *Immortality of the Soul; or, Resurrection of the Dead?*, preface, 2: "the Greek belief in the immortality of the soul."

그런데 쿨만은 나중에 예수님께서 다시 오실 때 우리들이 부활하는 그것만이 우리의 희망이라고 하는 것이 기독교적 관점이라고 합니다. 이 점이 참 안타까운 일입니다. 그분이 하는 말 가운데에 성경에 따르는 좋은 이야기와 성경과 배치되는 나쁜 이야기가 섞여 있으니, 우리들은 매우 안타까운 마음을 가지게 됩니다. 오스카 쿨만은 영혼이 불멸하게 있는 것은 아니라고 합니다. 우리가 볼 때 그는 성경이 말하는 모든 것을 다 말하지 않고, 자기 나름의 해석을 하여, 성경적 입장은 영혼 불멸을 믿지 않고 오직 죽은 자들 가운데서의 부활을 믿는 것이라고 합니다. 그는 이 책의 서문에서 후대 기독교는 영혼의 불멸과 죽은 자들의 부활을 연관시켰는데, 사실 그것은 연관시킨 것이 아니고 하나를 버린 것이라고 하였습니다.[11] 그러나 그렇게 판단할 근거는 없습니다. 고대 그리스도인들이 고린도전서 15장을 희생시키고 파이돈에서 소크라테스가 하는 말을 애호하게 되었다고 말하는 쿨만의 말은 정확한 것이 아닙니다. 고대 그리스인들이 말하는 영혼 불멸 개념과 성경에 근거해서 우리들이 말하는 영

---

[11] Cullmann, *Immortality of the Soul: or, Resurrection of the Dead?*, preface, 3: "the link established between the expectation of the 'resurrection of the dead' and the belief in 'the immortality of the soul' is not in fact a link at all but renunciation of one in favour of the other,"

혼 불멸 개념이 다른데도 마치 영혼 불멸을 말하면 그것이 고대 그리스적인 것이라고 말하는 것은 너무 지나치게 내조하는 것입니다.

쿨만은 사후에 영혼이 의식을 가지고 있는 것으로 묘사하며 마지막을 기다리고 있는 것으로 표현하는 신약성경의 여러 구절들을 잘 알고 그런 구절들과 대화합니다. 예를 들어서, 부자와 나사로 비유(눅 16:22-31), 십자가에서 한 편 강도에게 하신 예수님의 낙원에 있으리라는 말씀(눅 23:43), 바울이 "떠나서 그리스도와 함께 있는" 것이 더 좋다고 말한 것(빌 1:23), 하늘 제단 아래 있는 순교한 자들의 영혼의 부르짖음(계 6:9-11)과 같은 구절들이지요. 그래서 쿨만도 사후에 일종의 중간 시기(the interim period)가 있다는 인상을 준다는 것도 말합니다. 그리스도 안에서 죽은 자들도 여전히 시간 안에 있고 그들도 마지막을 "기다린다"고[12] 성경을 따라서 말하는 것은 매우 잘한 것입니다. 더구나 이 상태가 "잠정적이며 아직 온전하지는 않은 상태"(the provisional and still imperfect character of this state)라고 하는 것은[13] 매우 좋은 지적입니다. 그러나 결과적으로 그는 "이 모든 것들은 하나님

---

[12] Cullmann, *Immortality of the Soul; or, Resurrection of the Dead?*, 4장 계시록 6:1을 인용하는 부분.

[13] Cullmann, *Immortality of the Soul; or, Resurrection of the Dead?*, preface, 5.

이 가깝게 계시다는 것을 말하는 다양한 표상들일 뿐"(simply various images of special nearness to God)이라고 하면서, "이 중간 시기의 죽은 자들의 상태에 대한 그 어떤 종류의 사변도 여기에는[즉, 신약에는] 없다"고 단언해 버립니다.[14] 이것이 그의 가장 큰 문제의 하나입니다. 신약 성경이 말하는 것은 단지 사후 상태가 있다는 것과 (믿는 사람들은)[15] 성령 안에서 그리스도와 연합하여 있는 (union with Christ through the Holy Spirit) 것뿐이라고 합니다. 그리스도인들은 이미 죽은 자들로부터 부활하신 그리스도와 연합하여 그 안에 있으므로 이렇게 말할 수 있는 것이지, 영혼이 불멸하기에 사후에도 계속 있는 것은 아니라는 것입니다.

불신자가 사후에 어떻게 되는지에 대해서는 쿨만이 구체적으로 말하지 않아서 확신 있게 말할 수는 없습니다. 행간을 읽어서 추론해 보면 아마도 쿨만은 불신자는 사후에 그 영혼도 멸절하는 것으로 생각하는 것은 아닌가라고 추론할 수 있을 뿐입니다. 그러므로 쿨만의 논의가 정확히 성경적이라고 하기는 어렵습니다.

---

[14] Cullmann, *Immortality of the Soul; or, Resurrection of the Dead?*, 51: "Any sort of speculation upon the state of the dead in this interim period is lacking here [that is, in the New Testament]."

[15] 이 말이 명확히 나타나지는 않습니다. 함의상 넣었습니다.

또한 신자의 경우에도 바울의 말을 인용하면서 "주 안에서 잔다"는 것을 좀 더 강조하면서 표현하려는 쿨만의 논의 방식은 문제가 있다고 여겨집니다. 그 이전에도 그렇지만 특히 이런 개념이 교계에 크게 나타날 때 칼빈이 영혼 수면설에 반박하면서 이런 용어를 사용하지 말자고 한 것을[16] 무시하는 듯하게 다시 바울의 진정한 의도를 넘어서서 "주 안에서 자는 것"이라고 말하여 종교 개혁 때의 재세례파들이 주장하던 영혼 수면설과 꼭같지는 않지만 그와 비슷한 인상을 주면서, 그에 대해서 비판적으로 반응하는 사람들에 대해서 오히려 바울의 의도에 충실하지 못한 것이라고 말하는 것은[17] 상당히 의아한 논의입니다. 이렇게 여러 면에서 쿨만의 논의는 충분히 성경적이지 않다고 여겨집니다.

---

[16] John Calvin, *Psychopannychia*, 1534, 그런데 1542년 스트라스부르에서 인쇄되었다고 합니다. Available at: https://www.monergism.com/thethreshold/sdg/calvin_psychopannychia.html.

[17] Cullmann, *Immortality of the Soul; or, Resurrection of the Dead?*, preface, 4-5.

한국의 전통적 사후관의 문제점

사후 영혼의 존재에 대한 이해들

(1) 우리 나라 사후관: 혼비백산(魂飛魄散)
　　사람 (魂, 魄) "양기(陽氣)의 정령을 혼이라 하고 음기(陰氣)의
정령을 백이라 한다."(성종 때의 학자 성현(成俔), 「용재총화(慵齋
叢話)」)
→ "죽음: 넋이 완전히 탈출한 것으로 육신으로 돌아올 수 없는 상
태"(한국 옛 사상)
← "향에 불을 지피면 향의 냄새는 곧 혼이요, 재는 백"(송나라 때
朱子)
「예기(禮記)」: 사람이 죽으면 "혼은 하늘로 돌아가고, 백은 땅으
로 돌아간다."
→ 죽음: 양기(魂)가 떠서 흐트러짐을 뜻하며, "흩어진 양기는 둘로
분화하여 하나는 승천하여 양으로서 신(神, 神明)이 되고, 하나는
지계(地界)로 강하하여 음으로 귀(鬼)가 된다." (영조 때 실학자
성호(星湖) 이익(李瀷), 「성호사설(星湖僿說)」 권25, 경사문(經史
門).

예전에 우리나라에서도 일종의 영혼 불멸설이 있었습니
다. 플라톤주의자들을 중심으로 고대 그리스 사람들이
사람에게는 영혼이 있고, 죽는 것을 '영혼과 몸이 분리'
라고 생각하고 표현한 것과 비슷하게 예전 우리나라 사
람들도 아주 비슷한 생각을 했었습니다.

　　사람이 깜짝 놀라면 '혼비백산(魂飛魄散)한다' 라고 하
지요? '혼(魂)'이 날아가고, '백(魄)'이 산산이 흩어지는
것을 이야기하는 것이지요. 그때 '혼'과 '백'은 무엇을
뜻합니까? 양기의 정령을 '혼(魂)'이라고 하고, 음기의

정령을 '백'(魄)이라고 한다고 성현(成俔, 1439-1504)이라는 분이 말한 바 있습니다. 성현이라는 분은 조선 시대 성종대에 예문관과 성균관의 최고 관직을 역임한 학자요 예조판서(禮曹判書)도 역임했던 분입니다. 그의 글을 보아 중종 20년인 1525년에 경주에서 낸 〈용재총화〉(慵齋叢話)에서 이런 말이 나옵니다.[18] 이것이 우리나라 사람들의 기본적인 개념이었다고 할 수 있습니다.

사람은 '혼'과 '백'으로 구성되어 있는데, 그 당시에 모든 것을 음양으로 설명하는 것과 일치하게, 양기의 정령을 '혼'이라고 하고 음기의 정령을 '백'이라고 한 것입니다. 그래서 우리나라의 전통적 이해는 어떤 점에서는 좀 더 영적이라고 할 수 있고, 또 어떤 점에서는 좀 더 물질적이라고 할 수도 있는 독특한 이원론을 가지고 인간을 이해했습니다. 혼, 백을 모두 정령으로 본다는 점에는 좀 더 영적인 것이고, 결국 자연과 하나가 되는 것을 제시한다는 점에서는 좀 더 물질적이라고 보일 수도 있는 독특한 이원론적 이해입니다.

그래서 예전 우리나라 사람들은 죽음을 어떻게 이해했습니까? 이 '혼'이라고 하는 것, 즉 넋이 완전히 몸을

---

18 이에 대해서 「용재총화해제」(김두종, 『국역 대동야승』 1, 민족문화추진회, 1971)와 「용재총화해설」(성락훈, 『오늘의 사상대전집』 8, 동화출판공사, 1972)을 참조하십시오.

벗어나서 다시는 육신으로 돌아올 수 없는 상태라고 생각했습니다. 우리가 '혼난다' 그런 말 쓰잖아요. 평상시에도 혼이 나갈 수 있다는 것이지요? 그랬다가 다시 우리 몸 안으로 돌아올 수 있다는 것입니다. 그런데 죽음은 넋이 완전히 탈출해서 다시는 돌아올 수 없는 상태가 되었다는 것입니다. 요즘에 우리가 쓰는 말로 불가역적으로 심폐가 작동하지 아니하는 상태라고 생각한 것입니다. 그것을 옛날 우리나라 사람들은 넋이 완전히 탈출한 것이라고 표현했던 것입니다. 지금 박상은 선생님이 돌아가시고 하는 상황에서 "우리 넋이 나갔습니다."라고 이야기를 할 만하지 않습니까? 그랬다가 다시 돌아와서 살지요? 그래서 옛날에 사람이 죽었다고 판단되면 초혼(招魂)을 하였지요? 초혼은 육체를 빠져나간 혼이 다시 돌아와 살아나기를 바라는 뜻으로, 시신을 보지 않은 사람이 지붕에 올라가 북쪽을 향해 망자의 속적삼을 흔들며 망자의 성과 이름, 주소를 부르고, 이어 "복, 복, 복"이라고 세 번 외치는 일이었습니다. 여기서 복(復)이란 다시 돌아오기를 바란다는 뜻이었지요. 그 후에도 죽은 상태가 계속되면 이제 모든 것이 다 끝난 상태, 혼이 이 몸으로는 다시는 돌아오지 않는 상태라고 죽음을 이해한 것입니다.

동양 사회에서는 사람이 죽으면 향을 피우지요? 향

에 불을 지피면 향의 냄새는 곧 '혼'이요, 재는 '백'이라고 생각했습니다.[19] 그러니까 결국 우리의 물질, 몸을 구성하는 물질들이 '백'에 해당하는 것이고, 그 안에 있는 '혼'이 우리가 생각하는 영혼에 상당히 가깝습니다. 물론 우리나라 사람들이 영혼에 대해서 정확한 이해를 가졌다고 말할 수는 없어요. 그런데 상당히 비슷한 이해를 가지고 있었던 것입니다.

'예기(禮記)'에 보면, 사람이 죽으면 '혼은 하늘로 돌아가고, 백은 땅으로 돌아간다.'고 합니다.[20] 제대로 생각하지 않으면, 우리들도 자꾸만 그렇게 생각하려고 합니다. 비슷해 보이지 않습니까? 믿는 사람은 그렇습니다. 믿는 사람은 그의 영혼이 "하늘"(heaven)로 갑니다. 그러나 믿지 않는 사람은 절대로 하늘(heaven)에 가지 못합니다. 그러니까 우리가 그냥 아무에게나 "하늘에서 이 세상에 잠깐 놀러 왔다가 다시 하늘로 가셨습니다"라고 말하면 안 됩니다.

우리는 사람이 죽은 것에 대해서 '돌아가셨습니다'라고 표현하지요? 그런데 그것이 사실은 부정확한 말입니다. 우리는 하늘에서 여기로 온 것이 아니거든요. 하나님께서 다 각각 새롭게 창조해 주신 것인데, 한국 사람

---

19 주자도 이런 예를 들었다고 합니다.
20 예기, 의례(儀禮), 사상례(士喪禮).

들은 전통적으로 다 하늘에서 이 땅으로 온 것이라고 생각했던 것입니다.

또한 우리 옛사람들은 사람이 물에 빠져 죽으면, 시체를 건졌더라도 혼 건지기 굿을 해야 한다고 했습니다. 그렇게 하여 물에 빠진 넋을 건져 올리지 않으면 역시 승천할 수가 없고 차가운 물 속에 계속 머문다고 생각했었습니다. 또는 한이나 원한이 많아서 승천하지 못한 혼이 음기가 되어 구천을 떠다니다가 내려온 것이 원귀(冤鬼) 또는 원령(怨靈), 객귀(客鬼), 나그네 넋이라고 이야기해 왔습니다. 그런 경우에는 허주(잡신/허튼 신)를 벗겨야만 이 사람이 좋은 데 갈 수 있다고 생각했었습니다. 그래서 안 믿는 사람들이, 특히 불교도들이 사십구재(四十九齋)라고 하는 것을 챙기는 이유가 그런 것입니다.[21] 그 혼이

---

[21] 사실 이것은 대승 불교의 장례 의식의 하나입니다. 고인이 죽은 후 초재부터 1주일(7일)마다 7번씩 지내는 재(齋)를 말하는데, 죽은 사람의 영혼이 일반적으로 칠칠일(49일) 동안 저승에 머무르며 명부시왕 중 일곱 대왕들에게 7일째 되는 날마다 심판받다가, 49일에 최종 심판을 받고 환생한다 하여, 심판을 받는 날에 맞추어 49일 동안 7번 재를 지내고, 49일 되는 날에는 최종 재를 올리고 탈상합니다. 원래대로라면 49일간 7일째 되는 날마다 한 번씩 재를 올려야 하지만, 돈과 시간이 많이 들기 때문에 간단하게 마지막 49일에 하는 재만 지내는 경우가 대부분입니다.

그러나 상좌부 불교에서는 사람이 죽자마자 바로 육도의 어딘가로 환생한다고 보기 때문에 사십구재를 지내는 일이 없고, 죽은 뒤에는 어떤 의례를 거행해도 망자 본인에게는 아무 효력이 없다고 봅니다. 그러므로 우리나라의 전통적 제례는 유교적 의식과 불교 의식이 다 합해 있다고 생각될 수 있습니다.

좋은 데로 돌아갈 수 있게 만들어 주는 것입니다. 우리는 그렇게 생각하지 않기에 49재 같은 것을 하지 않습니다. 그리므로 한국의 전통적인 사후관에 의하면, 죽은 후에도 영혼이 계속 존재한다는 것은 어느 정도 인정하는데, 그 정확한 것을 알지 못하고 이상한 생각과 관습이 우리 주변에 있었음을 알게 됩니다.

고대 그리스 사상의 문제점(2)

사후에도 영혼이 계속 존재한다는 비슷한 생각이 플라톤 (Platon)의 생각입니다. 플라톤의 소위 '이상계'에 대한 생각이 있습니다. 즉, 이상(理想, idea) 또는 모든 것의 원형에 대한 이론이 있습니다. 그것을 이데아(idea)계라고 합니다. 예를 들어서, 이 세상에 수없이 많은 의자들이 있지요? 그런데 이데아계에는 의자라는 하나의 이데아 (Idea)가 있다는 것입니다. 그것이 이 세상에 투영되어 있는 것들이 이 세상에 있는 여러 의자들이라고 생각하는 것이지요. 사람도 마찬가지예요. 사람의 이데아(idea)는 "이데아계"에 있는 것이고, 이 세상에 이렇게 있는 것들은 다 사람의 이데아의 투영인데, 그것이 수많은 사람들이라고 생각하는 것입니다.

이런 입장에 충실하면서 생과 죽음이라고 하는 것은 일종의 순환적인 과정(circular process)이라고 희랍 사람들은 생각했었습니다. 그래서 죽을 세상 속에 사는 불멸하는 영혼의 능력이 우리 가운데서 작용하여 생명에 참여하게 되는 것이라고 생각한 것입니다. 그러므로 종

국적으로 보면, 생명을 주는 존재가 있는데 그 생명을 주는 존재는 죽지 않는 불멸의 것이라고 생각했습니다. 그런데 그렇게 생명을 주는 존재는 가장 중요한 이데아의 원형이고, 그것이 신적인 존재가 아닌가라고 생각할 징도였습니다. 그래서 '플라톤에게 신적인 존재에 대한 관념이 있었다'고 생각하는 학자들도 있습니다.[22] 이 점이 소크라테스하고 플라톤의 차이이고, 플라톤과 아리스토텔레스의 차이점입니다.

소크라테스가 제일 큰 선생님이지요. 그분의 제자가 플라톤이고 그분의 제자가 아리스토텔레스인데, 소크라테스는 '이 세상의 신들이 여럿이다'라고 생각합니다. 플라톤도 대화록에서 그런 이야기를 많이 하는데, 그런데도 국가론에서 결국 신이 하나일 수 있는 가능성을 시사합니다. 아리스토텔레스에 가면 '신은 분명히 하나이다'라고 이야기해요. 이분들은 성경을 배운 사람들이 아닙니다. 재미있는 것은 신에 대한 생각이 다 다르다는 것입니다. 그런데 아리스토텔레스는 신이 분명히 하나라고

---

22 플라톤의 국가론(*Republic*)에서 정치를 논하면서 선의 형상 (idea)으로서 결국 신의 본질, 신 자체(the essence of divinity, divinity itself)를 말하고 있습니다. Cf. A. A. Long, "Politics and Divinity in Plato's *Republic*: The Form of the Good," in his *Selfhood and Rationality in Ancient Greek Philosophy: From Heraclitus to Plotinus* (Oxford: Oxford University Press., 2022). 이것을 과연 바른 신 개념으로 보아야 하느냐는 논의는 후대에 많이 나타나고 있습니다.

하면서 우리와 비슷한 이야기를 많이 합니다. 신은 영원하고 불변하고 다음에 몸을 갖지 않고, 영적이라고 하면서 예수님을 믿는 우리들이 하는 이야기를 거의 다 합니다. 그래서 중세에는 −그리고 일부에서는 오늘날도− 이런 아리스토텔레스를 보면서 '이 세상에 예수를 안 믿어도 정확한 개념을 가질 수 있지 않을까' 라고 오해하는 일도 있었습니다. 이것이 오해라는 것은 아리스토텔레스가 생각하는 신과 우리 하나님 사이에 명확한 차이가 있음에서 잘 드러납니다. 아리스토텔레스는 신이 영원하고 불변하며, 그 신이 이 세상을 존재하게 했다고 하면서 우리하고 비슷하게 생각하고 이야기합니다. 그런데 절대로 그 신(神)에게 기도하지 않습니다. 그 신에게 경배하지 않아요. 이상합니다. 그리고 결국 아리스토텔레스의 신이 인격적인지 명확하지 않습니다. 그것이 애매해요. 이런 것이 이 사람들의 생각입니다.

기독교의 하나님 이해와 기독교적 죽음 이해

(3) The Christian after Death

- 빌 1:23: "τὸ ἀναλῦσαι καὶ
  σὺν Χριστῷ εἶναι"
- ➔ "죽은 것도 유익함" (21절: Ἐμοὶ γὰρ τὸ ζῆν
  Χριστὸς καὶ τὸ ἀποθανεῖν κέρδος. ("gain")
- ➔ 시 116:15: "그의 경건한 자들의 죽음은 여호
  와께서 보시기에 **귀중**한 것이로다"
- (יָקָר בְּעֵינֵי יְהוָה) precious, valuable, weighty

이것에 반해서, 기독교인들은 인격적인 하나이시며 삼위
일체이신 하나님께서 온 세상과 나를 창조하셨다는 것을
아주 분명히 합니다. 또한 우리들이 이 세상에서 산 다음
에 어떻게 되느냐에 대한 정확한 이해를 가지고 있습니다.

빌립보서 1장 23절이 가장 대표적인 예입니다. 여
기서 바울은 죽음을 '몸에서 풀려나서 그리스도와 함께
있는 것'이라고 표현합니다. 이 몸에서 풀려나서 그리스
도와 함께 있는 것이라고 합니다. 그래서 '죽는 것이 유
익하다'고 합니다. 안 믿는 사람의 입장에서는 이런 말
이 이해가 안 됩니다. 그러나 믿는 사람들은 이런 바른
이해를 가질 수 있습니다.

이것의 가장 전형적인 예를 생각해 봅시다. 우리들이 이번에 당한 박상은 선생님의 죽음만큼 저와 주변에 있는 사람들에게도 충격적인 죽음이, 지금 이 자리에도 와계신 우리 배선영 사모님의 부군되시는 김주영 목사님의 사망 소식이었습니다. 김주영 목사님은 제 한 해 후배되는 목사님이십니다. 김 목사님께서는 목사님이 되시기 전에 예일대학교에서 행정학으로 석사 학위를 하셨습니다. 그리고서 의학과 보건학 쪽에서는 굉장히 중요한 대학인 존스 홉킨스 대학교에서 보건학 박사 학위를 하셨어요. 그리고서 연대 간호대의 교수가 되셔서 정말 바쁘게 사셨어요. 그런데 그 바쁘게 사는 것으로도 모자라서 이분이 젊을 때부터 하고 싶어 하던 신학 공부를 또 열심히 하셔서 목회학 석사(M. Div.)를 하시고, 또 신학 박사 (Ph. D.) 학위도 하셨습니다.

그리고 어느 날 연대 교수를 그만두고요, 개척교회를 시작하셨어요. 대단하신 분이셨습니다. 모든 것을 아주 열심히 하셨습니다. 개척교회도 열심히 하시고, 기독교 생명윤리협회 일과 샬롬 나비의 여러 일을 맡아서 하시고 여러 일을 하시는데, 어느 날 학교 강의를 가셨다가 갑자기 쓰러지셔서 돌아가셨어요. 그때 자녀들이 아직 어릴 때였고, 따라서 거의 모든 사람들이 이것을 어떻게 이해해야 할지 몰라 하던 상황이었습니다. 우리가 이번에 박상은 선생님 위로 예배를 했던 것과 같이 여러 단체가 모여서 저의 사회로 위로 예배를 했습니다.

그때 같이 참석하셨던 기자님, 기독교 신문을 편집하시는 귀한 기자께서 제게 질문하셨습니다. "배선영 사모님에 대해서 도무지 이해가 안 된다."고 하면서 질문하셨습니다. 사모님이 그 상황에서 상주로서 말씀을 하시는데 얼굴에 미소가 있다는 게 이해가 안 된다고 하였습니다. 그 기자님은 신앙이 좋은 분이었습니다. 그래도 이해가 안 된다고 하셨습니다. 그 상황이 김주영 목사님 가족들에게 좋은 상황은 아니었지요. 갑자기 남편과 아버지가 떠난 이 상황에서, 인간적으로는 정말 이해가 안 되는 상황임에도 불구하고 배선영 사모님이 어떻게 그 상황에서 미소를 지을 수 있는지가 이해되지 않는다는 질문이었습니다. 대답은 하지 않았지만 저는 상황을 짐작할 수 있었습니다. 사모님의 마음속에 진정한 신앙이 있었기 때문입니다. 빌립보서의 말씀을 진짜 믿는 것이지요. 그래서 우리가 인간적으로는 이해되지 않지만 '죽는 것도 유익하다. 나머지 일은 우리가 할 것이다'는 마음이 있었던 것이지요. 그런 지가 이제 벌써 상당 기간 흘렀습니다.

믿는 우리들은 이렇게 믿고 생각합니다. 어떤 사람들이 말하듯이, 신약에서만 그러합니까? 그렇지 않습니다. 구약 시대에도 그렇습니다. 시편 116편 15절에 "그의 경건한 자들의 죽음은 여호와께서 보시기에 귀중하다"고 합니다. 안 믿는 사람들은 이것을 정말 이해할 수 없습니다. 그들은 '어떻게 죽음이 귀중한 것일까?'라고 생각할 수밖에 없습니다.

물론 모든 사람의 죽음이 귀중한 것이 아니고 예수 그리스도와 함께 사는 사람은 살 때도 그리스도와 함께 사는 것이고, 죽은 다음에도 그리스도와 함께 있는 것이니 죽음도 귀중한 것입니다.

이때 우리의 물리적 죽음은 무엇입니까? 1960년대 이전에는 거의 모든 사람들이, 그리고 의학계에서도 거의 '심폐사'를 생각했었어요. 1960년대에서부터 소위 벤틸레이터(ventilator), 즉 인공호흡기가 만들어지면서 "과연 심폐사가 죽음인가?"라는 질문이 나오기 시작했습니다. 우리가 인공호흡기로 호흡을 하게 할 수 있으니까 왜 더 이상 자발적으로 호흡을 할 수 없을 때를 죽음이라고 할 수 있는가에 대한 의문이 나온 것입니다.

간주곡: 뇌사 문제

뇌사?

- 1968년 하버드 의대 "뇌사 정의 위원회"(The ad Hoc Committee to examine the Definition of Brain Death)
- (1) 외적으로 주어지는 자극들과 내적 필요에 수용성도 없고 반응하지 않고,
- (2) 자발적 근육의 움직임이 없고 자발적인 호흡이 없고,
- (3) 반사 반응들이 없을 때
- (4) 뇌파가 잡히지 않을 때
- → 일반적으로 2주 후 심폐사

이와 연관된 것이 '뇌사' 문제입니다. 1968년도 하버드 의대의 뇌사정의위원회에서 다음과 같은 4가지 조건을 만족시킬 때를 뇌사라고 하자고 했습니다. (1) 외적으로 주어지는 자극들과 내적 필요에 대한 수용성도 없고 반응하지도 않고, (2) 자발적 근육의 움직임이 없고 자발적 호흡이 없고 (3) 반사 반응들이 없고 (4) 뇌파가 잡히지 않으면 뇌사라고 한다고 선언하였습니다. 이런 상황 속에 있으면 일반적으로 두 주 후에 심폐사에 이르니까 이 때를 뇌사라고 하자는 것이었습니다. 이 비슷한 생각들을 영국에서도 했습니다.

그러나 이런 뇌사를 어떻게 이해해야 합니까? 뇌사는 어떤 사람이 죽어가는 과정의 끝이 아니고 죽어가는 과정의 일부분이라고 이야기해야 합니다. 죽어가는 과정의 끝은 언제입니까? 역시 심폐사지요. 우리가 이번 학기 내내 생각을 했던 것입니다. 그걸 너무 정확하게 생각하려고 하면서 세포의 죽음까지를 생각해야 된다고 하시는 분들도 있지요? 그렇게 되면 한참 기다려야 되지요? 그러나 그렇게까지 현학적으로 생각할 필요는 없습니다. 심폐사를 죽음이라고 생각해야 합니다.

심폐사 이전의 살아있을 때는 우리의 몸 안에 영혼이 있습니다. 물론 영혼이 우리 몸 안에 어디 있는지 우리는 모릅니다. 근대 철학의 아버지라고 여겨지는 르네 데카르트(Rene Descartes, 1596-1650)라는 프랑스 철학자는 머리 뒤쪽에 '송과선'이라고 하는 데가 있는데 거기가 영혼과 몸이 접촉하는 부분이라고 추론을 한 일도 있었습니다. 그의 추론이지요. 영혼이 어디 있습니까? 모릅니다. 영혼은 뇌에 있는 것도 아닙니다. 요즘엔 뇌의 활동과 영혼을 거의 동일시하려고 하면서, 영혼의 존재를 부정하는 방향으로 나가기도 합니다. 그것을 물리주의 (Physicalism)라고 말합니다. 사람은 그저 몸이라는 물질로 이루어진 것, 물리적 존재일 뿐이라고 생각하면서, 영혼의 존재를 부인하는 경향이 오늘날 만연해 가고 있는 사조입니다.

　또는 심폐사를 강조하는 사람들 중의 어떤 사람들은 심상(heart)이 있는 곳에 영혼이 있는 것처럼 생각하는 경우가 있습니다. 그러나 영혼에 대해서는 그렇게 물리적으로 이야기할 수 있는 것이 아닙니다. 또 어떤 사람들은 영혼이 우리 몸에 골고루 퍼져 있다고 생각하기도 하는데 그것도 영혼을 자꾸 물질화하려고 하는 우리의 생각 때문입니다. 영혼은 형태가 없습니다. 어떻게 생기지 않았어요. 그러나 누군가의 영혼은 그 사람의 정체성을 가지고 있어요. 며칠 전에 돌아가신 박상은 선생님의 영혼은 지금 하늘에 있습니다. 지금은 박상은 선생님의 몸은 없습니다. 예수님께서 다시 오실 때에야 부활해서 그 몸이 있게 될 것입니다. 그러나 박상은 선생님의 영혼은 지금도 우리 주님과 함께 "하늘"(heaven)에 있습니다. 나중에 우리도 죽으면 우리 영혼도 주님과 함께 있을 것을 믿는 사람들이 예수님을 믿는 사람들입니다. 그때 하늘에 있는 영혼은 형태가 없어요. 박상은 선생님의 영혼도 형태가 없고, 나중에 하늘에 있을 우리도 형태가 없습니다. 그러나 각각의 영혼이 섞여 들어가지 않아요. 이것이 놀라운 것입니다. 우리는 지금 성경이 말해 주지 않았더라면 알 수도 없고, 말할 수도 없는 이야기를 하는 것입니다. 그러나 성경이 말하는 영혼의 존재가 있기 때문에, 성경에 근거해서 이 이야기를 하는 것입니다.

우리가 이 세상에 있을 때는 우리의 몸 안에 영혼이 같이 있습니다. 영혼이 같이 있으면 생명 활동을 하지요? 그래서 병원에 누가 오면 바이탈리티(vitality) 체크를 하시잖아요? 활력을 체크하는 것입니다.

이것의 함의는 무엇입니까? 물리적 죽음에 대해서 우리는 '프로 라이프 입장'(Pro-life position)을 가질 수밖에 없는 것입니다. 그런 우리가 "내 생명을 우리 마음대로 할 수 있다", 또는 "배 속에 있는 태아의 생명을 우리 마음대로 할 수 있다"는 입장을 가질 수 있는 것이 아닙니다. 그런 '프로 초이스'(pro-choice) 입장은 성경을 믿는 우리의 입장이 아닙니다. 왜냐하면 우리 자신의 생명도 우리의 것이 아니기 때문입니다. 하나님께서 당신님의 손으로 알아서 하시는 것입니다. 물리적 죽음에 대해서 그리고 물리적 생명에 대해서 우리는 '프로 라이프 입장'(Pro-life position)을 가질 수밖에 없습니다. 이것은 우리에게서는 아주 분명한 일입니다.

만일에 성경이 없었더라면 우리는 영혼에 대해서 거의 말을 하지 못했을 겁니다. 그저 우리가 생각하는 대로 말을 하면 옛날 플라톤주의자들이 말하는 그 생각, 아니면 옛날 우리나라 사람들이 혼비백산(魂飛魄散)할 때의 혼과 백 그 정도의 이야기를 했을 것입니다.

그러나 우리는 성경에 근거해서 정확한 것을 성경이 말하는 한도 내에서 말할 수 있습니다. 그렇기 때문에 뇌사를 우리는 인정하지는 않습니다. 그렇지만 뇌사 상태에 있는 사람들로부터 장기 적출을 위한 토론에서 일종의 제안을 할 수 있습니다. (1) 평소에 본인의 순전히 인도적 동기에서 사전에 자발적으로 "내가 뇌사 상태에 빠지면 내 장기를 적출해서 사람들에게 사용하라"고 의사 표현을 분명히 한 경우에 한해서 – 이렇게 분명히 하지 않으면 나중에 사람들이 다른 이유들을 붙여서 이런 저런 이용을 하려고 할 수가 있기 때문에 사전에 본인이 분명히 해야 합니다. 그리고 (2) 2명 이상의 전문가가 뇌사 상태에 이르렀다고 판단한 경우에 한해서 그리고 (3) 한 병원에서만 그러면 또 혹시 문제가 있을 수가 있으니까 외부 의료기관에 속한 한 명 이상의 전문가의 소견에 근거해서 (4) 병원 윤리위원회(IRB)에서 3분의 2 이상이 가결해서 이 사람은 진짜 뇌사 상태에 빠졌다고 한 경우에 한해서 뇌사 상태에 있는 사람의 장기를 적출할 수 있다고 논의할 수 있습니다.

아주 극단적인 입장을 가지시는 분들은 "우리는 심폐사를 주장하니까 이것도 안 되지 않습니까?" 그렇게 묻고 모든 것이 안 된다고 하시는 분들이 있어요. 그러나 그렇게까지 할 필요는 없습니다. 뇌사 상태에 빠지면 최

대한 두 주 후에는 심폐사에 이르니, 그 두 주 동안의 생명을 다른 사람들에게 나누어줄 수 있습니다. 그렇지요? 이전에는 그런 경우에도 뇌사 상태에 빠진 사람으로부터 장기를 적출할 수 있다고 이야기하기는 어려웠습니다. 아직까지 우리나라에서 뇌사가 죽음은 아니기 때문입니다. 죽지 않았는데도 그 사람으로부터 장기 적출을 하면 안 되는 것이지요. 그런데 '장기 이식에 관한 법률' 같은 것에서 이것을 할 수 있게 해놓았습니다. 그래서 우리는 뇌사 상태에서 이런 일을 할 수 있습니다. 그러나 이것과 함께 우리가 강조해야 할 것은 안락사의 불가능성입니다.

안락사의 불가능성

안락사(Euthanasia, εύθανασία)의 불가능성 강조

▸ 생명의 원천은 하나님 ➔ 인간은 수동적
▸ 주어진 생명을 보호하고 더 온전히 하는 일에는 적극적
▸ ➔ 죽음 앞에서도 Pro-Life Position
▸ John J. Davis, *Evangelical Ethics* (Philipsburg: P& R, 1985), 186-92;
▸ John S. Feinberg and Paul D. Feiberg, *Ethics for a Brave New World* (Wheaton: Crossway, 1993), 99-126;
▸ 신원하, <교회가 꼭 대답해야 할 윤리 문제들> (예영커뮤니케이션, 2001), 9장 뇌사와 장기 기증;
▸ 이승구, <광장의 신학> (합신출판부, 2010), 9 장 안락사;
▸ 이상원, <기독교 윤리학> (총신대학교 출판부, 2013).
↔ Belgium, Canada and Switzerland.

안락사(安樂死)라고   번역되는   말이   '유따나시아'(Euthanasia)입니다. 헬라어로 '유(Eu)'라고 하는 말은 좋다는 말이고, '따나또스'는 죽음이라는 뜻이지요. 그러니 '유따나시아'라는 말은 '좋은 죽음'이라는 뜻입니다. 말뜻만 보면 좋은 죽음 같습니다. 그러나 이것은 좋은 죽음이 아니지요. 왜냐하면 생명의 원천은 하나님이시기 때문에 인간은 항상 수동적입니다. 우리의 생명이 시작된 데서 우리가 이것을 분명히 알게 됩니다. 생명의 시작에 있어서 인간은 그저 수동적일 뿐입니다. 그러나

수동적이라는 이 말을 오해하시면 안 됩니다. 주어진 생명을 보존하고 보호하고 그 의미를 다 하게 하는 일에는 우리가 적극적이고 능동적이어야 합니다. 하나님께서 우리에게 생명을 주셨고, 생명이 하나님께 속한 것이기에 죽음 앞에서도 우리는 '프로 라이프 입장'(Pro-life position)'을 가져야 됩니다. 성경을 읽고 참으로 믿는 사람들은 이런 입장을 가질 수밖에 없습니다.

성경을 그대로 믿는 사람들 몇 사람을 말씀드리고자 합니다. 첫 번째 사람이 존 데이비스(John J. Davis)라는 분입니다. 고든 콘웰 신학교 교수님인 그는 1985년도에 『복음주의 윤리』라는 책을 썼습니다. 모든 문제에 대해서 굉장히 성경적으로 쓰셨습니다. 따라서 이 문제에 있어서도 성경적 입장을 분명히 했습니다. 안락사는 우리에게 허용된 입장이 아니라는 것을 분명히 한 것입니다.

둘째로는 존 파인버그(John S. Feinberg)와 폴 파인버그(Paul D. Feinberg)라는 형제분이 있습니다. '요한'하고 '바울'입니다. 이 형제의 성이 파인버그(Feinberg)인데, 미국 트리니티 신학교에서 오랫동안 조직신학을 가르치셨던 분들입니다. 이 사람들은 신학적으로 따지면 세대주의자들(dispensationalists)입니다. 종말에 대한 이해에 있어서나 성경을 너무 문자적으로만 해석하려는 신학적 문제가 있지만, 그래도 기독교 윤리 문제에 있어서는 아주 정확한 성경적 입장을 잘 표현했습니다. 이분들이 낸 기독교 윤리 책의 제목도 재미있어요. 『용감한 새로운 세상을 위한 윤리』(Ethics for a Brave New World). 대개 이 세상이 새로운 세상이 될 때를 생각하면서 'Brave New World'라고 표현하지요? 그런데 그런 세상을 위한 윤리가 어떤 것인가 하면서 아주 성경적인 입장을 대변했습니다.

또한 한국 신학자 가운데서 윤리 방면에서 성경적 입장을 대변하는 세 사람이 있는데, 그 중의 한 분인 고신의 신원하 교수님께서 2001년도에 『교회가 꼭 대답해야 할 윤리적 문제들』이라고 하는 책을 썼습니다. 그중에 한 부분에서 안락사 문제를 다루시면서 우리는 프로라이프 입장을 분명히 해야 한다고 하셨습니다.

또한 몇 주 전에 우리에게 강의하셨던, 총신대학교에서 오랫동안 기독교 윤리를 가르치시고 은퇴하신 이상원 교수님도 그의 여러 발제와 책에서 안락사는 허용될 수 없다는 것을 아주 분명히 하셨습니다. 그리고 합신의 제가 성경적 윤리를 학생들과 교회와 세상에 드러내려고 노력하였습니다.[23] 개혁파 입장을 가진 사람 중에 윤리 문제를 주로 다루고 논의하는 대표적인 사람이 이 세 사

---

[23] Cf. 이승구, 『광장의 신학』 (수원: 합신대학원출판부, 2010), 제9장.

람인데,[24] 이상원 교수님이 우리 셋 중에 제일 보수적입니다. 이분들은 우리는 정말 어떤 입장에서도 생명을 위하는 입장을 분명히 하면서, 죽음 문제에 대해서도 생명을 지켜야 되겠다고 합니다.

심지어 일반 은총 안에서도 안락사에 반대하는 사람이 있습니다. 의사 선생님들이 늘 그분의 이름을 가진 간략한 선언으로 의사로서의 선서를 하는 '히포크라테스'(기원전 460년-370년)는 "나는 어떤 사람들에게 어떤 사람들을 기쁘게 하기 위해서 죽음에 이르는 약을 제조해 주지 않겠다, 또는 그 사람들을 죽음에 이르게 할 수 있는 어드바이스를 주지 않겠다"고 하였습니다. 요즈음 사용하는 말로 하면 '의사 조력 자살 금지'를 아주 분명히 해놓은 것입니다. 고대 철학 학파의 하나요 일종의 종교 단체라고도 할 수 있는 피타고라스주의자들도 역시 그렇게 했었습니다. 그런데 서구 의학이 점차 이것을 벗어나는 과정에 있어요. 본래 의학은 안락사를 반대하는 입장에 있었습니다. 히포크라테스는 기원전 사람이니 예수님을 안 믿는 사람입니다. 하나님을 안 섬기는 사람입니다. 피타고라스주의자들도 성경의 하나님과 전혀 상관없어

---

24 물론 이제는 이 세 사람이 다 은퇴하였고, 다음 시대에 기독교 윤리를 잘 대변하는 고신의 우병훈 교수와 강성호 교수, 총신의 박재은 교수, 그리고 합신의 이남규 교수와 박바울 교수님들께서 개혁파 윤리를 잘 감당해 주실 것을 기대합니다.

요. 그런데 이 사람들도 일반 은총 가운데서 그래도 생명을 보존해야 된다고 했었는데, 요즈음 서구 의학이 점점 이상하게 되어 갑니다.

나이젤 카메론(Nygel Cameron)이라는 분이 『새로운 의학』이라는 책을 썼어요. 이분은 아주 좋은 복음주의 신학자예요. 그런데 의학계가 얼마나 이상하게 되어 가는지를 이야기합니다. 제 식으로 표현하면 일반 은총에 대해서 저항이 강해지는 역사를 나타내 보여준 것입니다. 옛날에는 동성애에 대해서 이 세상 전체가 안 된다고 그랬었어요. 일반 은총에 대한 불신자들의 저항이 조금은 덜 했죠. 물론 그때도 동성애 하는 사람들은 많았습니다. 그러나 그때는 동성애가 괜찮은 것이라고 대놓고 주장하지는 못했어요. 그런데 이제는 일반 은총에 대한 저항이 아주 강해졌습니다. 모든 면에서 그렇게 나타납니다.

'유따나시아', 즉 '안락사'에 대해서도 그런 모습이 드러납니다. 이것을 '멀시 킬링'(mercy killing)이라고 합니다. '자비사'라고 하는 것이지요. 자비롭게 죽인다는 말입니다. 물론 동물들에 대해서는 그렇게 할 수 있습니다. 1996년 7월 5일에 이 세상에 나온 세계 최초의 복제 양인 '돌리'(Dolly)의 경우를 생각해 보시지요. 양들이 대개 13년 정도 산다고 합니다. 그런데 돌리는 7살 난 암양으로부터 복제했으니까, 돌리가 태어난 그때서부터 애는 수명이 짧지 않을까 하고 예상했었는데, 정말 한 6-7 살 이렇게 되었을 때 양들이 나이가 많이 들었을 때의 증상들이 나타나고, 특히 관절염 증상이 나타났습니다. 그래서 결국 돌리를 안락사를 시켰습니다.[25] 또 서부 영화에 보면, 예전에 늘 타고 다니던 말이 나중에 심각한 문제가 생기거나 아주 연약해지거나 하면 자기가 총을 쏴서 죽이지 않습니까? 동물들은 그렇게 할 수 있어요. 그런데 사람에 대해서도 그렇게 할 수 있겠느냐는 것이 문제입니다. 이 문제를 잘 생각을 해야 합니다.

이때 옛날 사람들도 일종의 안락사를 시행했었다는 예를 가지고 오는 사람들이 있습니다. 예를 들어서, 제리 윌슨(Jerry B. Wilson)이라는 분이 『결정에 의한 죽음』이라고 하는 책을 1975년에 내면서 중세의 예를 언급합니다. 중세는 많은 사람들이 예수를 믿는 사람인데도 이 사람이 도무지 '불가역적으로 죽음의 과정을 향해 가고 있고 고통만 너무 심하다'고 판단되면, 그 마을의 장로가 앞장서고 힘 있는 사람이 소위 '홀리 해머'(holy hammer)라고 망치를 들고 그 집으로 갑니다. 다른 모든 사람은 다 사라지는 것입니다. 그러면 그것을 가지고 죽이는 것입니다. 그렇게 사용하던 망치를 '홀리 해

---

25 이에 대한 자세한 논의는 이승구, 『인간 복제, 그 위험한 도전』 (서울: 예영커뮤니케이션, 2003), 127-29를 보십시오.

머'(holy hammer)라고 했었습니다.[26] 그러나 그것이 오용 가능성이 너무 크다고 하는 것을 '케네뜨 보'(Kenneth L. Vaux)라는 분이 『죽음 윤리』라는 책에서 지적한 일이 있습니다.[27] 그러나 이 세상은 이런 식으로 생각하는 일이 너무 많았어요.

아까 언급했던 플라톤 같은 경우에도 마찬가지였습니다. 그는 의술도 나라 차원에서 입법화해야 된다고 주장했습니다. 그의 『국가론』(Republic)이라는 책에서 플라톤은 신체적으로나 정신적으로나 성향상 알맞은 사람은 돌보되, 신체적으로 문제 있는 사람은 죽도록 내버려 두고, 정신적으로 그 성향이 나쁘고 불치 상태의 사람들은 스스로 죽게끔 해야 한다고 주장했습니다.[28]

이 세상이 가는 방향은 대개 이런 방향으로 나가고 있습니다. 우리가 생각해서 이것이 좋다고 의견을 모으면 그렇게 할 수 있다는 생각을 해 가는 것입니다.

자살을 받아들인 최초의 사람은 고대 그리스 비극 작가였던 소포클레스(Sophocles, c. 497/496-406/405 BC)라고 생각들 합니다. 로마 시대의 스토아학파 사람들도 불치

---

26 Jerry B. Wilson, *Death by Decision* (Philadelphia:Westminster Press, 1975), 25.

27 Kenneth L. Vaux, *Death Ethics* (Philadelphia: Trinity Press International, 1992), 44f.

28 Platon, *Republic*, III. 405.

병, 제거할 수 없는 고통, 심각한 육체적 불구 그리고 명예를 지킨다는 이유로 자살하는 것은 용인했었습니다. 심지어 기독교의 영향을 어느 정도 받았던 토마스 모어도 불치의 질병이나 극심한 통증에 시달리는 경우에 자살은 바람직한 것이라고 이야기한 적이 있습니다. 그래서 사람들이 이런 분들을 인용하면서 "죽을 수 있는 권리"(the right to die)를 말하려고 합니다. 안락사나 자살에 대해서 그렇게 이야기하는 것입니다.

몇몇 사람들을 더 말씀드릴 텐데 "지식은 힘이다"라는 말로 유명한 경험론의 선구자 프란시스 베이컨(Francis Bacon, 1561-1626)도 이렇게 이야기한 대표적인 사람입니다. 그 다음에 목사님이시고 소위 형이상학적 시(metaphysical poems)라고 하는 시를 아주 잘 쓴 분이었던 존 돈(John Donne, 1572-1631)도 그렇게 했습니다. 이 사람은 아주 뛰어난 분입니다. 그런데도 이 사람은 안락사를 허용할 수 있다고 했습니다. 기독교권에 있고 상당한 영향력을 미친 이분의 이런 입장은 정말 이해가 안 되지요. 다른 분들은 그렇게 할 만합니다. 왜 그렇습니까? 볼테르(Voltaire, 1694-1778)나 장 자크 루소(J. J. Rousseau, 1712-1778) 같은 사람들은 성경을 잘 안 믿는 사람들이거든요. 그분들이 안락사를 허용하는 방향으로 가는 것은 이해되는데, 존 돈(John Donne)이 그랬다는 것은 정말 이해가 안 됩니다. 이분은 영국 국교회의 아주 유명한 목사님이었고, 상당히 기독교적 색채의 좋은 시를 많이 쓴 분입니다. 그린데도 그렇게 생각한 것입니다. 어느 시대에나 철저히 성경적으로 생각하지 않는 분들이 있음을 볼 수 있습니다.

조셉 플레처의 상황 윤리의 심각한 문제점

현대 자유주의 신학자의 한 사람인 조셉 플레처(Joseph Fletcher, 1905-1991)를 여러분에게 소개합니다. 조셉 플레처는 『도덕과 의학』이라는 책을 1954년도에 썼었습니다. 그는 이때에도 어떤 필요한 경우에는 자살하는 것이 허용될 때도 있다는 이야기를 했습니다. "어떤 경우에는 자살할 수 있어야 된다. 죽을 수 있는 권리가 인정되어야 한다"와 같이 이야기했습니다. 그러다가 1979년도쯤 되면 이분은 안락사가 도덕적으로 반드시 있어야 된다고까지 주장했습니다. "왜 그러냐?"고 물으면, 비가역적인 식물인간이 점점 나빠지면서 개인적 공적 경제 자원을 계속 잡아먹고 있다면 그런 사람은 반드시 죽여야 된다고 논의했습니다. 신학자가 이런 이야기를 하다니 매우 안타깝지요? 이런 데서 그가 하는 신학이 바른 신학이 아니라는 것을 드러내는 것입니다. 조셉 플레처는 1905년에 태어나서 1991년에 돌아가신 분입니다. 아까 '오스카 쿨만' 하고 좀 비슷하지요? 오스카 쿨만보다 3년 후에 태어나서 한 8년 전에 돌아가셨어요.

조셉 플레처는 웨스트 버지니아(West Virginia) 대학교를 다니면서, 대학교 2학년 때 기독교로 회심했다고 그러는데 여기서도 이 사람의 문제가 나타납니다. 자기가 생각하는 사회적 이념을 실현하려면 기독교가 괜찮은 것 같다는 생각 때문에 기독교로 돌아섰다고 합니다. 그래서 버클리 신학교에 들어가 신학을 공부하고(1928년), 예일 대학교에서 경제사를 공부했습니다. 그리고서는 1930년대에 영국으로 가서 런던 경제 연구소(London School of Economics)에서 자본주의의 문제점을 열심히 연구한 사람이었습니다.

그리고 1954년에 아까 이야기한 대로 『도덕과 의학』이라는 책을 처음 내셨습니다. 이 책을 대개는 로마 가톨릭이 아닌 사람이 의료윤리를 처음으로 다룬 대표적인 책이라고 이야기합니다. 그래서 어떤 분들은 이 사람을 "현대 생명 의료윤리(bio-medical ethics)의 아버지"라고 부릅니다. 그런데 그는 완전히 비성경적인 생각을 하였습니다. 이 사람의 입장을 잘 요약해 보여 주는 것이 1966년도에 냈던 그의 유명한 책인 『상황 윤리』라는 책입니다. 조셉 플레처 하면 상황 윤리를 생각하시면 좋습니다. 이 사람이 말하는 것을 은혜롭게 들으시면 안 됩니다. 문제점을 잘 보셔야 합니다. 그는 이렇게 주장합니다. "하나님은 사랑이시다. 우리는 사랑이라고 하는 원칙을 정말 절대적으로 여겨야 한다. 그것 외에는 나머지는 다 괜찮다."그러므로 어떤 동기가 이 사람의 행동을 결정했는가를 보면서, 그 행동을 사랑이라는 동기에서 했다면 그것은 괜찮은 것이라고 합니다.

92년-93년도에 박상은 선생님를 비롯한 누가회의 여러 의사 선생님들하고 같이 안동일 선생님 댁에 일주일에 한 번씩 모여서 의료윤리를 공부할 때 이 예를 들어 드렸어요. 그랬더니 "그것 괜찮네요."라고 이렇게 반응하신 일이 있었습니다. 물론 귀한 선생님들이 진짜 괜찮다고 생각한 것은 아닙니다. 상황 윤리가 어떤 것입니까? 2차 세계대전 때 나치가 유대인들을 잡아다가 강제수용소에 데려다 놓고 후에는 결국 600만 명을 죽이지 않았습니까? 초기에는 조금 괜찮았어요. 그래서 임신이 되면 내보내 주었다고 합니다. 물론 나중에는 그것도 없습니다. 초기에는 임신한 사람은 애까지 죽으면 안 되니까 내보냈다고 합니다.

이럴 때 이제 어떤 여인이 자기 남편에게 가기 위해서 그리고 어린 자기 아이에게 가기 위해서 마음이 좋아 보이는 독일 병사에게 부탁했다고 해봅시다. "나를 임신시켜 주십시오."이런 부탁에 대해서 결국 사람을 살리려는 사랑이라는 동기에서 이 사람들이 성관계를 해서 임신이 되면 이것은 죄가 아니라는 것이 플레처의 상황 윤리가 말하고자 하는 것입니다. 뭔가 이상하지요? 맨 처음에는 성경적인 이야기를 하는 것이라고 하면서 "하나님의 사랑이시다"는 성구를 언급하고, "사랑이라는 절대적 원칙을 강조해야 된다"고 하면서 논의해 나가는데, 결국은 성경이 전체적으로 옳은 것이라고는 생각하지 않음을 드러내는 것입니다.

그래서 나중에는 플레처가 생사를 주관하는 그런 하나님은 이제 죽었다고 하면서, 지진이나 화산 활동 배후에 신이 계시듯이 시험관 아기 시술 중에 배후에 계시는, 모든 것들의 배후에 계시는 창조적인 원인을 믿어야 된다고 했습니다. 그 신(神)은 성경이 말하는 하나님이 아니라는 것입니다. 성경의 하나님이 아니고 모든 우리가 하는 모든 활동, 예를 들어서 우리가 시험관 아기 시술을 한다고 했을 때 그때 창조적 원칙이 되는 그것이 신이라고 했습니다. 그러면서 "목적이 수단을 정당화한다."고 하고, "사랑이라는 원칙에서 남의 어떤 좋은 목적을 가지고 한다면 그 수단은 그 어떤 수단을 써도 괜찮다."고 했습니다. 그리고 최고선은 인간의 행복과 복지라고 했습니다.

여기서 이제 잘 생각해야 합니다. 한국 교회는 아주 초기부터 신본주의(神本主義), 즉 하나님 중심주의를 강조해 왔습니다. 그것은 성경을 강조하는 입장입니다. 이와 대조되는 것을 인본주의(人本主義)라고 했었습니다. 좋은 대조적 표현입니다. 우리는 인본주의를 극복하고 하나님 중심주의로 가는 것을 늘 강조해 왔는데 조셉 플레처는 인간의 행복과 복지를 추구하는 인본주의야말로 우리가 갈 길이라고 생각합니다. 그래서 이 기준과 이상을 정당화시키는 그 어떤 목적들도 다 의롭고 옳고 선하다고 합니다. 사람이 행복해지고 사람이 좀 더 나아진다면 그것이 다 좋은 것이라고 합니다. 이것이 인도주의적 의학이 관심을 가지는 전부입니다. 사랑에 가득 찬 돌봄과 사회 정의의 개념들이 이 위에 세워져야 한다는 것입니다.

그래서 어떤 일을 해서 사람이 행복하고 더 복지에 가까워지느냐를 기준으로 해서 모든 것을 판단하려고 하는 것입니다. 우리가 생각하고 있던 안락사에 대해서도, 이것을 행해서 우리에게 무슨 도움이 된다면 할 수 있는 것이라고 합니다. 그래서 나중에는 이분이 기독교 신앙을 버려버렸습니다. 솔직해진 것이지요. 참된 기독교 신앙을 가지고서는 안락사를 다 허용하는 입장을 취할 수 없습니다.

- "생사를 주관하는 그런 하나님은 이제 죽었다"(Flecher, "Ethics and Euthanasia," in Dennis J. Horan and David Mall, eds., *Death, Dying, and Euthanasia* [Frederick, MD: University of America, 1980], 296).
- 이제는 "지진이나 화산 활동 배후에 신이 계시듯이 시험관 아기 시술 등의 배후에 계시는 모든 것들의 배후의 창조적 원인(the creative principle)인 신을 믿어야"(Flecher, "Ethics and Euthanasia," 296) ←→ 성경의 하나님
- "목적이 수단을 정당화한다"(300-301).

　　이렇게 이 세상에는 (1) 성경을 따라서 성경적인 이야기를 하는 사람들이 있고, (2) 최후의 플레처처럼 기독교 신앙을 버려버리는 사람들이 있습니다. 그런데 (3) 초기 플레처처럼 마치 중도에 있는 듯이 하는 사람들이 있어요. 이것이 더 위험합니다.

　　그 중도는 어떤 것입니까? 자신들은 기독교라고 해요. 그런데 사실 방향은 비성경적인 방향으로 가는 것입니다. 또는 상대주의(相對主義)적으로 되는 것입니다. 그들이 차라리 기독교 신앙을 버린다고 했을 때 이것이 목사님들에게는 굉장한 위협이 될 수 있습니다. 모든 교인들이 "그렇게 철저히 성경적으로 하라고 하면, 나는 안 믿을래요?"라고 반응하면 어떻게 할 것입니까? 그러면 사람들이 전부 다 안 믿는다고 하면 안 되니까 "그렇게 믿어도 믿는 것이라고 합시다"라고 할 것입니까? 그렇게 되면 이 땅에 진정한 기독교는 없어지게 됩니다. 그

러니 이것은 아주 심각한 문제입니다. 모든 사람이 "그렇게 철저히 성경적 입장만 강조하면 나 안 믿는다고 할께요."라고 하면 어떻게 할 것이냐고 하면서 교회와 목사님들을 위협하기도 합니다. 이렇게 유혹되어 사람들이 다 저쪽으로 갈 수 있습니다.

세상이 말하는 존엄사와 대비되는
성경이 말하는 존엄사

→ 존엄사(Death with Dignity)?

▸ 이 세상이 말하는 존엄사
▸ 오레곤 주의 존엄사법(death with Dignity Act),
 1994년 투표로 확정 → 법정 공방, 1997. 10. 27.
▸ Federal attempts to intervene will continue
 through 2006. The Federal Government loses
 its case against the Oregon law. → Oregon
 physicians can prescribe life-ending
 medication under the Oregon Death with
 Dignity Act.

이 세상이 말하는 존엄사는 예를 들자면 미국 오레곤 주
의 존엄사법(Death with Dignity Act), 1994년도에 투표로
확정된 법이 말하는 존엄사입니다. 이에 대해서 오랜 법
정 공방이 있었습니다. 결국 2006년에 연방법원이 졌어
요. 오레곤 주에서 사람들이 그 결정을 할 수 있는 것입
니다. "나의 존엄함을 유지하면서 죽을 수 있게 해달라"
고 이야기하는 것입니다.

←→ 성경이 말하는 존엄사

(1) 영생을 누리면서 물리적 생명을 마치는 것
> 시편 116: 15
   여호와께서 귀중이 여기시는 죽음,
   = 죽음 이후에도 하나님과의 교제가 지속되는 죽음
   = death with dignity in *sensu strictu*

그러나 이것은 성경이 말하는 존엄사하고는 거리가 먼 것입니다. 성경이 말하는 존엄사, 진짜 존엄사는 무엇입니까? 영생을 누리면서 물리적 생명을 마치는 것, 아까 시편 116편 15절이 말하는 "여호와께서 귀중히 여기시는" 죽음 - 바로 그것이 존엄사입니다. 그래서 용어를 바꿔야 합니다. 살아서도 하나님과 교제하지만 죽음 이후에도 하나님과의 교제가 지속되는 죽음 - 오직 그것만이 존엄사라고 이야기해야 합니다. 이것은 이 세상이 말하는 존엄사와는 완전히 다른 개념입니다. **이렇게 용어와 개념이 바뀌어야 합니다.** 그러니 안 믿는 사람은 절대로 존엄사를 경험할 수 없습니다.

물론 상대적인 광의의 존엄사는 이야기할 수 있습니다. 그것이 '자연사'입니다. 자연사는 의학의 발달로 자꾸 늦추어지게 되었습니다. 그래서 현대 의학은 인격적이기보다는 성격상 기술적인 것이 되어서 아주 이상한 상태에 빠지게 되었습니다. 평상적인(ordinary) 치료를 사용할 수 있을 때까지를 하는 것 그리고서 죽는 것이 자연사입니다. 그러니 아주 비상한(extra-ordinary) 치료는 사용하지 않는 것이지요. 물론 이 기준은 시대에 따라 달라집니다. 우리가 지금 평상적으로 하는 치료가 1950년대에는 굉장히 "비상한" 즉 "익스트라 오디너리(extra-ordinary)"한 치료였을 것입니다. 그런 방법 자체도 없는 것이 상당히 많았을 것입니다. 이렇게 평상적 치료라는 것은 시대마다 달라집니다. 그래서 어디까지가 평상적 치료인가를 말하기가 점점 어려워집니다.

그래도 말해 본다면, 이런 치료법을 사용함으로써 (1) 유익하리라고 하는 희망을 주며, (2) 너무 큰 비용이 들지 않고, (3) 고통이 크지 않으며, (4) 다른 불편함을 주지 않을 만큼의 치료와 수술들은 일상적인(ordinary) 것이라고 할 수 있겠지요? 그런데 (1) 너무 과도한 고통을 준다든지, (2) 불편에 비해 유익하리라는 희망이 적은 것들은 사용하지 않는 것이 옳을 것입니다. 그런 것들이 당대 상황에서의 비상한 치료법이니 말입니다.

비가역적인 코마 상태의 환자들은?

그러면 이런 입장에서 비가역적인 코마 상태의 환자들은 어떻게 봐야 합니까? 우리가 인공적 양분과 수분 공급도 하지 않아도 된다고 하는 몇몇 분들의 주장을 들었습니다. 그것은 좀 지나친 것이라고 생각됩니다. 그렇지요? 양분과 물은 항상 주어야 된다고 생각해야 할 것입니다. 다니엘 칼라한(Daniel Callahan)도 역시 그렇게 생각했습니다.

같은 저널(*Hastings Center Report*)에서 어떤 분들은 "어떤 상황에서는 인공적 양분과 수분 공급도 하지 않아서 그 사람들이 죽을 수 있게 해 주는 것이 더 좋은 게 아닐까?" 하고 생각한 분들도 있습니다. 그러나 좀 제대로 생각하시는 분들은 그런 상태에도 양분 공급은 되어야 한다고 주장했습니다.

물론 이렇게 강하게 이야기하려면 선결 요건이 충족되어 있어야 합니다. 그것은 사회 경제적인 보호 장치가 있어야 한다는 것입니다. 포괄적인 사회 보장 장치를 안 해놓고서 항상 이렇게 해야 한다고 주장한다면 가난

한 사람들은 매우 어려워지게 됩니다.

그러면 그것이 아직 우리에게 있지 않을 때는 어떻게 해야 합니까? 자선 기관과 교회의 기금들이 그 사람들을 잘 보호할 수 있게끔 하는 장치가 되어야 합니다. 궁극적으로는 사회 보장 장치가 잘 돼서 일정한 기간 이상의 치료를 하게 됐을 때는 사회보장에 의해서 치료 보장이 되게끔 해야 합니다. 따라서 당대의 의료적 치료가 허용되는 범위 안에서의 일반적(ordinary) 치료를 최대로 해야 하는데, 이 이야기를 하려면 사회 경제적 보호 장치를 우리가 반드시 해야 하고, 그전에 교회가 힘써서 노력해야 합니다.

강한 주장을 위한 선결 요건

› 사회, 경제적 보호장치
   (포괄적 사회보장 장치)
› 그 전에는? 자선 기관과 교회의 기금들

› 당대의 의료적 치료가 허용되는 범위 내에서 일반적 생명연장 장치 최대 사용

2

중간 상태

중간상태

"중간 상태"에 대한 성경적 이해

- 믿는 자들의 중간기(the intermediate period)의 상태 – "중간 상태"(the intermediate state)
- 빌 1:21, 23
- 고후 5:8: "우리가 담대하여 원하는 바는 차라리 몸을 떠나(ἐκδημῆσαι ἐκ τοῦ σώματος) 주와 함께 있는(ἐνδημῆσαι πρὸς τὸν κύριον) 그것이라."
- ➔ 모든 성도들은 죽으면 "부활을 기다리면서 하나님 앞에서 그리스도와 함께(with Christ in the presence of God)" 있게 된다.

중간 상태(the intermediate state)란 무엇입니까? 이 말을 제대로 이해하기 위해서는 먼저 중간기(the intermediate period)라는 말을 이해해야 합니다. 바른 성경적 이해에 의하면, 사람이 죽은 뒤에 예수님이 다시 오실 때 우리가 다 부활하거든요. 사람이 죽어서부터 부활하기 전까지의 시기를 중간기라고 합니다. 이 중간기의 상태를 중간 상태라고 하는 것입니다. 이것을 정확하게 생각하지 않으면 이것을 오해하시는 분들이 많습니다. 신학하시는 분들 가운데서도 오해하는 분들이 있어요. 중간 상태라고 하니 하늘도 지옥도 아닌 상태가 아닌가 하고 생각하시는 분들이 있어요. 그러나 교회 역사에서 그것을, 즉 하늘도 지옥도 아닌 것을 중간 상태라고 해본 일이 없습니다.

다시 한번 정리합니다. 중간 상태는 무엇입니까? 사람이 죽어서 부활할 때까지 기간, 즉 "중간기"의 상태입니다. 성경을 참으로 믿는다면, 이 세상에서 최초로 죽은 사람이 아벨이지요? 가인이 아벨을 쳐 죽였지요(창 4:8)? 그리고 아담은 한참 더 살았습니다. 그러니까 이제 아벨서부터 모든 사람이 죽습니다. 믿지 않는 사람들도 죽고 믿는 사람들도 죽습니다. 예수 그리스도께서 다시 오실 때 그때 살아있는 사람들이 있겠지요? 이런 사람들에게는 중간 상태가 없습니다. 그러나 그 나머지의 사람들은 모두 죽고, 따라서 중간 상태를 경험합니다.

박상은 선생님께서 지금 중간 상태 가운데 있는 것입니다. 우리는 현 상태 가운데 있어요. 그런데 박상은 선생님은 중간 상태에 계셔요. 이렇게 믿고 죽은 사람들의 중간 상태에 대해서 먼저 생각해 봅시다. 믿는 사람들의 중간 상태는 아까 빌립보서 1장 21절-23절에서 "이 세상을 떠나서 주와 함께 있는 것"이라고 이야기했습니다. 이것이 굉장히 중요합니다. 그래서 박상은 선생님은 이 세상을 떠나서 주님과 함께 있다는 것을 우리가 알고 있습니다. 그것에 대해서 고린도후서 5장 8절에서 바울은 이렇게 이야기해요. "우리가 담대하여 원하는 바는 차라리 몸을 떠나 주와 함께 있는 그것이라." 이 세상을 떠나서 주님과 함께 있는 그 상태를 우리가 "원한다"고 합니다. 그러니까 우리가 자살해 죽어야 합니까? 그것은 아니지요. 하나님께서 아직 안 부르셨으니까 우리는 열심히 살아야 합니다. 우리에게 맡겨진 사명을 다하면서 살아야 합니다. 박상은 선생님은 주께서 부르셨으니까 기쁨을 가지고 하나님 앞에 있는 것입니다.

그래서 중간 상태에서 믿는 우리는 어떻게 됩니까? 모든 성도들은 죽은 후에 부활을 기다리면서 하나님 앞에서 그리스도와 함께 있습니다(with Christ in the presence of God). 아주 정확하고 멋있는 표현이지요? 우리가 평소에도 하나님 면전에서(in the presence of God) 삽니다. 학교에 와 보면 '코람 데오'(Coram Deo)라고 표시되어 있지요? "하나님 앞에서"라는 뜻입니다. 우리는 매일매일 하나님 앞에서 삽니다. 여러분들 가운데 많은 분들이 의료인들이시니까 병원에 있을 때에도 환자들을 볼 때에도 우리는 하나님 앞에 있는 것입니다.

그러나 예배할 때는 어떤 의미에서 조금 진한 의미에서 하나님 앞에 있지요? 물론 하나님 앞에 있다는 점에서는 본질적으로 다르지 않아요. 이것을 분명히 해야 합니다. 평소에도 하나님 앞에 있어요. 그러나 예배할 때는 좀 더 진하게 하나님 앞에 있어야 합니다. 예배하는

데 하나님 앞에 있다는 것을 의식하지 않으면 안 되지요.

그러나 평상시에도 우리는 하나님과 함께 있어야 합니다. 이것을 누구보다도 바울이 잘 압니다. 그런데 바울이 "우리가 이 세상에 살 때에는 주와 따로 거하는 줄을 알았다.(고후 5:6)"고 말합니다. 그러니까 우리가 이 세상에 있을 때는 주님과 따로 있는 것입니다. 우리는 이 땅에 있고 주님은 하늘에 계시기 때문에 따로 있어요. 물론 우리는 이 세상에 살 때도 주님과 함께 있습니다. 그러나 또 따로 있어요. 그러므로 "그리스도와 함께"(cum Christo)라는 말의 **다중적 의미**를 잘 생각해야 합니다.

우리에 비해서 박상은 선생님은 "주님과 함께" 있어요. 그래서 우리는 그 상태가 더 좋다; '죽는 것이 유익하다' 라고 합니다. 믿는 우리는 죽은 뒤에 그리스도와 함께 하나님 면전에(with Christ in the presence of God) 있다는 것을 깊이 생각해야 합니다.

구약 성도들도

> "악인은 그의 환난에 엎드러져도, 의인은 그의 죽음에도 소망이 있느니라"(잠언 14:32) →
> "주께서 생명의 길을 내게 보이시리니, 주의 앞에는 충만한 기쁨이 있고 주의 오른쪽에는 영원한 즐거움이 있나이다"(시 16:11). → 이는 죽음 이후에 성도들은 충만한 기쁨과 영원한 즐거움 가운데 있게 될 것이라고 말하는 것

구약 성도들은 어떻습니까? 구약 성도들도 마찬가지입니다. "악인은 그의 환난에 엎드려져도, 의인은 그의 죽음에도 소망이 있다."고 잠언서 14장 32절이 말합니다. 죽음에도 소망이 있다. 그 말은 죽은 다음에 하나님 앞에 살아있다는 말이지요. 의인은 그렇다는 것입니다. 시편에 있는 말씀 "주께서 생명의 길을 내게 보이시리니 주의 앞에는 충만한 기쁨이 있고, 주의 오른편에는 영원한 즐거움이 있나이다"(시 16:11). 이것은 이것이 무슨 말인지 정확히는 알지 못합니다. 그러나 아마 이는 죽음 이후에 성도들은 충만한 기쁨과 영원한 즐거움 가운데 있게 될 것이라고 말하는 것 같습니다. 박상은 선생님이 그런 충만한 기쁨과 영원한 즐거움 가운데 있는 것입니다. 구약의 성도들도 그랬습니다.

그런데 이렇게 말하는 시편 16편 11절의 말씀을 보면서 네덜란드의 자유주의 신학자의 한 분인 헨드리쿠스 베르코프(Henrikus Berhhof)는 이런 개인적 관심은 후대에나 나타나는 양상이라고 하면서 구약은 그 개인이 어떻게 되느냐 관심이 없고 전적으로 이스라엘의 미래 그리고 인류의 미래에만 관심을 드러낸다고 말합니다. 그러나 베르코프의 이런 말은 성경적 입장이 아닙니다. 이것은 헨드리쿠스 베르코프 자신의 해석에 근거한 치우친 해석일뿐입니다.

성경을 잘 믿는 학자들은 구약에서도 개인에 대해서도 관심을 가지고 있다고 정확히 이야기합니다. 예를 들어서, 데렉 키드너(Derek Kidner)라는 구약 희자가 있어요. 그는 "성도가 이미 걷고 있는 생명의 길이 막힘이 없이 하나님 앞으로 인도하며 더 나아가 영원으로 인도한다"고 단언합니다. 이것이 멋진 표현이지요? 우리가 이 세상을 살고 있을 때 이미 생명의 길에 있어요. 그런데 죽어도 막힘이 없이(without a break) 하나님 앞에 있는 것입니다. 박상은 선생님이 잠깐 브레이크하고 하나님 앞으로 간 것이 아니고, 이 세상에서 주님과 함께 있다가 전혀 브레이크 없이 하나님 앞에 가 있는 것이지요. 더 나아가 이제 주님의 부활 이후에 영원으로 갈 것입니다.

16세기 종교개혁자 요한 칼빈(John Calvin)도 그렇게 이야기합니다. "죽음으로 축복된 불멸성으로 더 확장된다"는 것입니다. 성경을 제대로 믿는 사람들은 다 그렇게 이야기합니다.

한 구절 더 인용해 보지요. 시편 73편 23절 24절을 보겠습니다. "내가 항상 주와 함께하니 주께서 내 오른손을 붙드셨나이다. 주의 교훈으로 나를 인도하시고 후에는 영광으로 나를 영접하시리니." 여기서 "주의 교훈으로 나를 인도하시고"하는 것은 현재에 대해서 말한 것이지요? 이 세상을 살아갈 때 주의 교훈으로 인도하신다는 것입니다. 그런데 "후에는 영광으로 나를 영접하신 다"는 이것은 언제를 말하는 것입니까? 아마도 중간 상 태를 포함하는 것 같다고 생각됩니다. 상당히 많은 해석 자들이 그렇게 생각합니다. 중간 상태와 그리고 나중에 예수님이 오신 다음의 그 영광을 다 포괄해서 말하는 것 입니다. 일단 죽은 다음의 상태를 이야기하는 것이라고 다들 의견을 같이합니다. 아주 대표적인 자유주의자들인 데도 '브릭스'(Briggs & Briggs)라고 하는 사람들조차도 이 구절을 이야기하면서 "아마도 죽음 이후의 삶에 대해서 이야기하는 것 같다"고 말합니다. 1907년도의 자유주의 는 오늘날 와서 보면 굉장히 보수적으로 들립니다. 오늘 날 자유주의는 그보다 훨씬 안 믿습니다. 그런데 20세기 초의 대표적인 자유주의자들이 이 구절을 "아마도 죽음 이후의 삶을 이야기한 것 같다"고 말합니다.

그런 해석에 막 저항해보려고 애쓰면서도 '스튜어 드 매클로'라는 사람도 이 구절에서 성도들이 죽은 후에 하나님과 함께함에 대한 선언이 있다고 인정합니다. 이 사람도 자유주의자거든요. 그런데도 그것을 인정합니다. 그래서 우리는 구약에도 그렇게 하나님과 함께하는 것에 대한 생각이 있다는 것을 분명히 말할 수 있습니다.

그런데 오늘날에는 정말 자유주의적 입장을 향해 나가는 분들은 현세적 해석을 자꾸 해나가려고 합니다.

현세적 해석은 무엇입니까? 다음과 같이 해석하는 것입니다. "주께서 영광으로 나를 인도하실 것이다"라고 하는 것이 "이 세상에 실 때 하나님이 우리와 함께하시기를 바란다"는 자기들의 소망을 이야기하는 것이라고 합니다.

그러나 성경을 잘 보세요. 시편 17편을 보면 그 맨 마지막에 "나는 의로운 중에 주의 얼굴을 뵈오리니, 깰 때에 주의 형상으로 만족하리라"라고 이야기합니다. 그 "깰 때"라고 하는 말은 어떤 의미로 볼 것이냐에 대해서 두 가지 입장이 있습니다.

하나는 즐거운 중간 상태로 보는 것인데, 칼빈이나 보스(G. Vos)가 이런 해석을 합니다. 우리 김성수 교수님께서는 중간 상태와 부활 모두를 말하고 있습니다.

그런데 자유주의적 해석을 하는 분들은 "깰 때에"라는 말은 그다음 날에 종교적 의식에서 하나님의 현현이 있기를 바라는 "신현적 용어"라고 해석하려고 합니다. 이렇게 동일한 성경을 가지고 이상한 해석을 해서 구약의 의미를 왜곡합니다. 이런 해석은 아주 심각한 문제를 지니고 있습니다.

바른 해석은 구약 성경도 하나님과의 교제가 죽음에서 끝나지 않을 것임을 시사한다고 해석하는 것입니다. 신약은 이 교제가 그리스도 안에서 확언되었음을 보여주는 것입니다. 그래서 우리는 잘 생각해야 합니다.

중간 상태에 신자들이 하나님과 함께 있는 그곳에 대해서 성경은 무엇이라고 하는가?

죽은 다음에 하나님과 함께 있는 그곳을 성경은 무엇이라고 이야기합니까? 다른 말로 하면, "지금 하나님께서는 어디 계십니까?"

이에 대한 성경에서 가장 일반적인 용어는 '하늘'(heaven)이라는 용어입니다. "하나님은 하늘에 계시고"라고 〈전도서〉에서 이야기하지요(전 5:2)? 또한 성경의 여러 곳에서 "하늘에 계신 하나님"이라고 이야기하지요? "오직 우리 하나님은 하늘에 계셔서 원하는 모든 것을 행하셨나이다." 그래서 구약이나 신약이나 전부 다 하나님께서 '하늘'에 계신다고 아주 분명히 말합니다. 〈주께서 가르친 기도〉에서도 "하늘에 계신 우리 아버지"라고 하지요?

그렇다면 하나님은 어디 계십니까? "하늘"(heaven)에 계십니다. 이것이 분명하다면 박상은 선생님의 영혼은 지금 어디 계시지요? "하늘"에 계십니다. 다른 말을 하면 안 됩니다. "하늘"이라는 말을 다른 말로 무엇이라고 할 수 있습니까? '낙원'이라고 쓸 수도 있습니다. 예수님께서 십자가에서 신앙을 고백하는 한편 강도에게 "오늘 네가 나와 함께 낙원에 있으리라"(눅 23:43)라고 하셨지요? 그래서 오늘 총장님이 설교하시면서 앞부분에서 박상은 선생님은 지금 '낙원에 계십니다.'라고 하셨지요? 그렇게 이야기하는 것이 정확한 것입니다.

그런데 한국 사람들은 그곳을 자꾸 '천국(天國)'이라고 지칭하려 합니다. 그런데 '천국'이라는 말은, 성경을 잘 공부해 보면 '예수 그리스도로 말미암아 우리에게 이미 임하여 온 하나님의 나라'를 뜻합니다. 그래서 하나님의 나라가 지금은 눈에 안 보이지만 영적으로 이 세상 안에서 진전되고 있습니다. 그러다가 예수님의 재림 때에 천국이 그 극치(極致, consummation)에 이르게 됩니다.[29] 이런 점을 우리는 잘 생각해서 정확히 말을 사용해야 합니다.

용어를 정확하게 쓰시는 분들은 전부 다 어떻게 썼습니까? '하늘' 또는 중국 사람들은 '천상(天上)'이라고 이야기합니다. 성경이 '삼층천'을 말하지요. 그래서 '최고의 하늘' 이렇게 표현합니다. 또한 중국 사람들이 가

---

[29] 이에 대해서 자세히 보려면 이승구, 『개혁신학 탐구』 (수원: 합신대학원출판부, 2012), 제1장과 이승구, 『하나님께 아룁니다』 (서울: 말씀과 언약, 2020), 6, 7, 8장을 보십시오.

2. 중간 상태 ✳ 81

끔 쓰던 표현을 사용해서 '천당(天堂)'이라는 말도 쓸 수 있어요. 하늘, 낙원, 천상, 천당 이것들이 다 같은 말입니다. 하늘 그다음에 낙원, 천당 이것들은 나 똑같은 것입니다. 그것이 한국 사람들이 일반적으로 말하는 천국입니다.

그러나 더 정확히 말하면 그곳에 대해서는 천국이라는 말을 안 쓰는 것이 더 좋습니다. 죽은 후에 믿는 우리들이 있게 되는 곳에 대해서 무엇이라고 하는 것이 더 좋습니까? '하늘', '낙원', '천상', '천당' 등의 용어가 좋습니다. 믿는 우리들은 죽은 후에 '하늘', 즉 '낙원', 즉 '천상', 즉 '천당'에 있을 것입니다. 박상은 선생님이 예수 그리스도를 믿고 이 땅에서 이미 천국에 계셨기 때문에, 돌아가신 지금 그 영혼이 '하늘'에 계십니다.

3

부활과 영원 상태

그럼 '하늘'(heaven)에 있는 것으로 끝입니까? 그렇지 아
니합니다. 예수님께서 우리에게 오실 때 먼저 죽은 자들
을 데리고 오시리라 그랬지요. 박상은 선생님도 몸을 부
활시키셔서 데리고 오실 것입니다. 그러면 그때 살아있
는 믿는 사람들은 주를 맞으러 끌어올려지게 될 것입니
다. 이렇게 "끌어올려지게"(살전 4:17) 되는 것을 직역하면
"잡아채어"진다는 뜻입니다. 이를 한자어로 '휴거(攜擧)'
라고 합니다. 그러므로 '휴거'는 예수님께서 다시 오실
때 믿는 사람들에게 일어날 일입니다. 오직 재림 때에 일
어난다는 것을 분명히 하면 이런저런 잘못된 가르침에
휘둘리지 않을 수 있습니다. 그런데 무엇하기 위해서 잡
아채집니까[휴거(攜擧)됩니까]? "주를 영접하게 하기 위
해"라고 했습니다(살전 4:17). 무엇을 하기 위해서 올라가
는 것입니까? 주님을 영접하기 위해, 그래서 재림하여
오시는 주님을 이 땅으로 모셔오기 위해서 끌어올려지는
것입니다.

　　여기 "영접한다"는 말이 "보라. 신랑이라. 맞으러
나오라"(마 25:6) 할 때의 용어하고 똑같습니다. 예수님께
서 하신 비유에 의하면, 혼인 잔치를 하면서, 신랑이 온
다고 합니다. 여기가 혼인 잔치할 집입니다. 그러면 사

람들이 밖에 나가서 신랑을 모셔서 어떻게 하지요? 거기서 잔치하나요? 그렇게 하지 아니하고 모시어 들이지요? 이와 같이 예수님은 (1) 하나님 나라를 극치에 이르게 하고, (2) 최후의 심판을 하기 위해 다시 오시니, 다시 오시는 주님을 공중에서 영접한 우리들은 그를 모시고 이 땅에 와서 그다음 일이 진행되게 하는 것입니다. 맞는 것, 환영하는 것은 이때 사용하는 아주 중요한 단어입니다. 우리가 공중으로 끌어올려지는 것은 주님을 맞기 위한 것입니다. 맞는 것, 영접하는 것은 공중에서 합니다. 그러기 위해서 우리가 잡아채질 것입니다. 주님을 맞이하기 위해, 영접하기 위해 끌어올려지는 것, 그것이 휴거(rapture)입니다.

그러니까 이 세상에 돌아다니는 『휴거』라는 책은 정말 이상한 책입니다. 갑자기 사람들이 없어지고, 그래서 우리도 사람들이 보이지 않을 때 농담 삼아 "다 휴거 되었나?" 하지 않습니까? 그러나 절대로 그렇게 쓰면 안 됩니다. 그런 휴거 개념은 성경이 말하는 개념이 아니고, 오히려 휴거에 대한 잘못된 관념입니다. 그렇다고 해서 휴거가 없습니까? 있어요. 언제 있을 것입니까? 주님이 이 땅에 다시 오실 때 일어날 것입니다. 박상은 선생님을 비롯해서 이미 죽은 성도들을 부활시키셔서 그들과 함께 주께서 이 땅으로 오실 것입니다. 우리가 그때까지 살아

있다면 변형된 몸을 가지고 공중으로 올라가 주를 영접 하도록 잡아채질 것입니다. 그래서 공중에 계속 있는 것이 아니라 이 세상에 내려오게 될 것입니다.

주님께서 그때 이 세상을 변화시킬 것입니다. 하늘과 땅을 다 변화시킵니다. 그것을 '새 하늘'과 '새 땅'이라고 합니다. 거기서 우리는 영원히 살게 됩니다. 그러니까 '하늘'(heaven), 즉 박상은 선생님이 지금 가 있는 그 '하늘'에서 우리가 영원히 사는 것이 아닙니다.

두 가지 정리만 하고 이제 마치겠습니다. 믿는 우리들이 죽은 뒤에 있게 되는 '하늘'(heaven)에는, 예수님을 제외하고는 다들 영혼만 있어요. 이것을 분명히 해야 됩니다. 하늘에서 우리는 무슨 옷을 입고 살까요? 저희들은 "어린 양의 피에 그 옷을 씻어 희게 하였느니라"(계 7:14) 하였으니 흰옷 입고 살지요? 그렇게 생각하면 안 된다는 것입니다. 왜 그렇습니까? 그 말 자체가 물리적인 생각을 하도록 되어 있지 않습니다. 물리적으로 흰옷을 어린 양의 피에 빨아보세요. 그러면 어떻게 됩니까? 뻘겋게 되겠지요? 그러므로 이 말이 물리적인 생각을 하도록 되어 있는 것이 아니라는 것을 분명히 해야 합니다. 우리가 '하늘'에서는 몸을 가지고 있지 않아요. 하늘에서 옷 입지 않아요. 그랬더니 "나체로 있습니까?" 그러는 사람들이 있어요. 아니에요. '하늘'에서 우리는 영만 있다는 것을 분명히 해야 합니다. 물론 하늘에 몸이 있는 분이 있어요. 우리 주 예수님은 분명히 부활하신 그 몸을 가지고 계십니다. 이것은 아주 분명해요. 예수님은 몸을 가지고 하늘로 가셨기(행 1:9-11) 때문에 그렇습니다. 그리고 아마 엘리야와 에녹 그 두 사람이 몸을 가지고 있을 가능성이 있습니다. 물론 이것에 대해서 확신을 가지면 안 됩니다. '아마 그렇지 않을까?' 그런 정도로 생각해야 합니다.

그리고 또 몇 사람이 더 있다면 마태복음 27장에 보면 예수님께서 부활했을 때 그전에 죽어 무덤에 있던 사람들이 살아나와서는 거룩한 성 예루살렘에서 찬송을 하고, 사라졌어요. 그러면 이분들도 '아 하늘에 가지 않았을까?' 라고 생각해 볼 수는 있습니다. 그래서 예수님은 분명히 하늘에서도 몸을 가지고 계십니다. 엘리야와 에녹은 아마도 몸을 가지고 있을 수도 있고 아닐 수도 있기에, 여기에 목숨 걸면 안 됩니다. 우리는 예수님께서 지금 '하늘'에 계신다는 것에는 목숨을 걸어야 합니다. 성경이 말하니까 그렇습니다(특히 행 3:21 참조). 엘리야와 에녹의 경우에는 그럴 수도 있고 아닐 수도 있습니다. 이것은 언제 확인할 수 있습니까? 우리가 죽어서 '하늘'에 가면 우리는 분명히 영혼만 있을 것입니다. 박상은 선생님도 영혼만 있습니다. 그런데 엘리야와 에녹은 몸도 있다면, "아 그렇군요!" 하면서 확인할 것입니다. 그리고 이제 예수님께서 부활할 때 같이 부활했던 그 사람들에 대해서도 나중에 '하늘'에 가서 확인할 수 있습니다.

믿고 죽은 성도들의 영혼이 하늘에 주님 앞에 있습니다. 상상하기 어렵습니다. 성경이 그렇게 말하지 않는다면 우리는 아무런 말도 하지 못할 것입니다. 우리는 지금 몸을 가지고 있는 존재니까 영혼만 있는 존재를 상상하기 어렵습니다. 그러나 성경의 가르침을 종합하면, 지금 '하늘'에 있는 영들은 정말 가장 큰 기쁨을 누리며 있습니다. 그런데 사람은 몸과 영혼이 있도록 하나님이 창조하셨기 때문에 예수님이 다시 오실 때는 다시 몸과 영혼을 가질 것입니다. 그래서 우리는 그때 서로 얼싸안을 것입니다. 먼저 주님 앞에서 엎드려 절할 것입니다. 그리고 주님과 악수도 할 수 있겠고 얼싸안을 수도 있겠지요. 그 부활한 몸을 가지고 영원토록 살게 될 것입니다. 병들지 않는 몸을 가지고 말입니다. 그러니 그때는 의사 선생님이 필요 없어요. 그때는 지금 의사인 여러분들이 직업을 바꿔야 합니다. 간호사 선생님이 필요 없어요. 저 같은 목사가 있을 필요도 없어요. "이는 작은 자로부터 큰 자까지 다 나를 앎이니라(렘 31:34)." 우리 모두 새로운 직업을 찾아야 합니다. 그때는 놀기만 하는 것이 아닙니다. 주를 위해서 놀라운 일을 하게 될 것입니다. 그

때를 바라보면서 우리는 이 세상에서 여러 활동을 힘써 행해야 할 것입니다. 그 소망을 가지고 이상으로 죽음과 중간 상태와 부활에 대한 오늘 이야기를 마치도록 하겠습니다. 감사합니다.

〈부록〉

박상은 원장님을 기리면서

박상은 원장님의 갑작스러운 소천 소식에 우리들 모두가 놀라고 있습니다. 이 소식은 특히 가깝게 여러 활동을 같이 하던 우리들에게는 일종의 트라우마입니다. 넋을 놓고 일손이 잘 안 잡히고 무엇을 어떻게 해야 할지 잘 모르겠습니다. 가족들은 더 그럴 것 같아 무슨 말씀을 어떻게 말씀드려야 할지 모르고 있습니다. 이번 학기 내내 화요일 저녁마다 "죽음에 대한 기독교 생명 윤리적 논의"를 하면서 매시간 여러 교수님들을 통해서 죽음 문제를 여러 측면에서 다루던 합신 생명 윤리 전공 MA 과정 학우들과 함께 저에게는 박 원장님의 소천 소식이 정말 믿고 싶지 않은 소식으로 들려 왔습니다. 아마 오랫동안 그럴 것입니다.

그러나 우리들이 성경에서 배워 믿는 데로 박싱은 선생님의 영혼은 지금 하나님께서 계신 그 "하늘"(heaven)에서 지극한 영광을 누리며 계심을 생각하면서, 더구나 우리 주께서 다시 오실 때에는 박상은 선생님의 몸도 부활시키셔서 성경이 말하는 "신령한 몸"(spiritual body)을 가질 것이니, 주께서 다시 오실 그때 그리스도와 같은 모습으로 부활한 우리가 서로 얼싸안고 기쁨을 누릴 것을 믿고 바라면서 지금 우리에게 있는 이 슬픔을 극복하려 합니다. 우리가 믿는 예수 그리스도의 구속과 그의 의(義)의 전가 없이는 모든 순간, 특히 이와 같이 슬플 때에 우리에게는 희망이 없었을 것입니다. 우리를 하나로 묶는 그리스도에 대한 신앙 때문에 우리는 이 슬픔 가운데서도 다시 일어날 생각도 하고 또 박 선생님께서 남겨주신 여러 일들에 더욱 힘써야 할 것입니다. 그 신앙과 소망에 근거해서 박상은 원장님에 대해 몇 가지 생각을 해보려 합니다.

여러 면을 살필 때 박상은 원장님은 사도행전에 나타나는 바나바 같은 분이셨다고 생각됩니다. 박상은 원장님께서는 여러 사람들을 잘 엮으시는 독특한 능력이 있으셨는데, 그런 점에서 바나바와 같으셨습니다. 박 원장님은 여러 사람들을 연결시켜 놀라운 일을 하게 하실 수 있는 독특한 능력이 있는 분이셨습니다. 그래서인지 박 원장님을 기리는 다양한 종류의 사람들이 있습니다. 박 원장님이 아니었으면 연결되지 않았을 다양한 사람들이 박상은 원장님의 독특한 친화력으로 이어지며 함께 일을 하게 하는 "우리들의 바나바"인 박상은 원장님을 생각합니다. 그 일 때문에 박 원장님은 늘 바쁘셨으나 그 덕에 우리 기독교회가 수없이 많은 일들을 잘할 수 있게 되었습니다. 그렇게 사람들을 엮는 일의 상당 부분을 박 원장님께서 하셨습니다.

둘째로, 박 원장님은 성경을 열심히 제대로 믿는 그리스도인들이 이 사회에 나가서 활발하게 활동해야 한다는 것을 강조하시고 잘 실천하신 진정한 칼빈주의자였다고 생각됩니다. 우리나라에서는 성경을 열심히 믿는 사람들이 사회 속에서 별로 활동하지 않으려고 하거나 사회적으로 열심히 활동하시는 분들은 성경의 가르침과는 거리가 있는 이상한 한국 교회의 정황 속에서 성경을 참으로 잘 공부하는 사람들은 믿지 않는 사람들이 있는 이 세상 속에서 활발히 활동해서 결국에는 영향력을 미쳐야 한다는 것을 잘 보여주신 박 원장님은 참으로 진정한 칼빈주의자라고 할 수 있습니다. 그 정점은 국가생명윤리심의위원회의 제4기 위원장을 하신 일(2014. 11. 11.~2017.

11. 10.)입니다. 박 원장님은 이 세상에서도 대표적인 의료인으로 인정을 받아서 이 직책을 수행하시면서 생명헌장을 발표하게 하며 이 땅에 진정한 생명의 가치를 드러내는 일을 잘 이루셨습니다.

셋째로, 그와 연관해서 박 원장님은 생명의 가치를 귀중히 여기며 그리스도인들뿐만 아니라, 이 땅의 많은 사람들에게 생명의 진정한 가치를 잘 인식하게 하신 귀한 분이십니다. 하나님께서 생명의 원천이심을 분명히 하면서, 하나님의 말씀의 빛에서 생명 문제를 접근하려고 애쓰셨습니다. 의료인, 특히 기독교 의료인으로서의 마땅한 모습을 드러낸 것인데, 단순히 그런 입장에서 진료만 하신 것이 아니고 수없이 많은 좋은 기관들에서 매우 활발한 활동을 하셔서 이제 과연 누가 그런 역할을 할수 있게 되려는지 안타까움이 많이 드는 상황에 직면해 있습니다. 박 원장님의 빈자리가 크게 느껴지는 것은 박원장님께서 촌음을 아끼시면서 여러 활동을 많이 해 주셨다는 반증입니다. 그 일 중의 마지막으로 하신 일이 합신에 생명 윤리 전공의 석사 학위 과정을 만드시고, 초석을 마련하신 일입니다. 부디 계속해서 많은 학생들이 들어와서 계속해서 이 연구를 하며, 같은 활동을 하여 갔으면 합니다.

박 원장님은 그 어떤 명칭보다 "우리들의 누가"였

다는 명칭을 가장 좋아하실 것 같습니다. 이 명칭이 참으로 적절한 박 원장님을 따라나서는 이 땅의 수많은 누가들이 한국누가회를 중심으로 점점 더 많아졌으면 합니다. 그래서 늘 강조한 것과 같이 좋은 의사이고, 좋은 신앙인이 따로 나타나지 않고, 이 땅에 진정한 기독교 의사들(Christian doctors)이 많아지기를 기도합니다. 우리의 누가 박상은 원장님이 이제는 그 많은 사역을 그치시고 하나님 품에서 안식하시며 한없는 기쁨을 누리고 계심을 같이 즐거워하면서, 우리들도 그 뒤를 따라 각기 주어진 영역에서 주께서 주신 일에 힘쓰겠다고 다짐합니다.

2023년 11월 9일
박상은 원장님 장례 예배에 즈음해서
합동신학대학원대학교 조직신학 교수 이승구

〈저자 소개〉

저자는 개혁신학을 전문적으로 연구하는 학자로서 현재 합신의 초대 조직신학 교수님이셨던 신복윤 교수님을 기념하여 만들어진 합신의 석좌 교수직인 남송 석좌 신학 교수(Namsong Professor of Divinity)로 있다. 총신대학교에서 기독교 교육학(B.A)을 공부하고, 서울대학교 대학원에서 윤리학과 가치 교육에 관한 논문으로 석사 학위를 받았으며(MA), 합동신학원을 졸업하였고, 영국 쎄인트 앤드류스 대학교(The University of St. Andrews) 신학부에서 연구(research)에 의한 신학 석사(M. Phil., 1985) 학위와 신

학 박사(Ph. D., 1990) 학위를 받았다. 미국 Yale University Divinity School에서 연구원(Research Fellow)루 있다가(1990-1992) 귀국하여, 웨스트민스터신학원(1992-1999)과 국제신학대학원대학교(1999-2009)에서 조직신학교수, 부총장을 역임하고, 합동신학대학원대학교에서 조직신학 교수를 역임하였고(2009-2023), 한국장로교신학회 회장(2016-2018), 한국개혁신학회 회장(2018-2020), 한국복음주의신학회 회장을 역임하였으며(2020-2022), 현재는 한국성경신학회 회장(2023-)으로 섬기고 있다.

그 동안 다음 같은 책을 내었다.

『현대 영국 신학자들과의 대담』 (대담 및 편집). 서울: 엠마오, 1992.

Kierkegaard and Barth. Seoul: The Westminster Theological Press, 1994.

『개혁신학에의 한 탐구』. 서울: 웨스트민스터 출판부, 1995, 재판, 2004.

『교회론 강설: 교회란 무엇인가?』. 서울: 여수룬, 1996, 2판, 2002. 개정판. 서울: 나눔과 섬김, 2010. 4쇄, 2016. 재개정판. 서울: 말씀과 언약, 2020.

『진정한 기독교적 위로』. 하이델베르크 요리문답 강해 1. 서울: 여수룬, 1998, 2002. 개정판. 나눔과 섬김, 2011. 2쇄,

2013. 3쇄, 2015. 재개정판. 말씀과 언약, 2022.

『성령의 위로와 교회』. 하이델베르크 요리문답 강해 2. 서울: 이레서원, 2001. 2쇄, 2003. 개정판, 2009. 개정 2쇄, 2013. 개정 3쇄, 2015. 5쇄, 2023.

『인간 복제: 그 위험한 도전』. 서울: 예영, 2003. 개정판, 2006.

『기독교 세계관이란 무엇인가』. 서울: SFC, 2003. 개정판 5쇄, 2009. 재개정, 2014, 2016, 2023.

『기독교 세계관으로 바라보는 21세기 한국 사회와 교회』. 서울: SFC, 2005. 2쇄, 2008. 5쇄, 2016. 개정판. 서울: CCP, 2018.

『사도신경』. 서울: SFC, 2005. 개정판, 2009. 재개정판, 2013. 2쇄, 2015. 5쇄, 2023.

Kierkegaard on Becoming and Being a Christian. Zoetermeer: Meinema, 2006.

『21세기 개혁신학의 동향』. 서울: SFC, 2005. 2쇄, 2008. 개정판. 서울: CCP, 2018.

『한국 교회가 나아갈 길』. 서울: SFC, 2007, 2011. 개정판. 서울: CCP, 2018.

『코넬리우스 반틸』. 서울: 도서출판 살림, 2007, 2012.

『전환기의 개혁신학』. 서울: 이레서원, 2008. 2쇄, 3쇄, 2016.

『광장의 신학』. 수원: 합신대학원출판부, 2010. 2쇄, 2010.

『우리 사회 속의 기독교』. 서울: 도서출판 나눔과 섬김, 2010. 2쇄, 2010.

『개혁신학 탐구』. 서울: 하나, 1999. 2쇄, 2001. 개정판. 수원: 합신대학원 출판부, 2012.

『톰 라이트에 대한 개혁신학적 반응』. 수원: 합신대학원 출판부, 2013. 2쇄, 2013.

『거짓과 분별』. 서울: 예책, 2014.

『우리 이웃의 신학들』. 서울: 도서출판 나눔과 섬김, 2014. 2쇄, 2015.

『위로 받은 성도의 삶』. 하이델베르크 요리문답 강해 3. 서울: 나눔과 섬김, 2015. 개정판, 서울: 말씀과 언약, 2020.

『묵상과 기도, 생각과 실천』. 서울: 도서출판 나눔과 섬김, 2015. e-book, 서울: 말씀과 언약, 2023.

『성경신학과 조직신학』. 서울: SFC, 2018. 2쇄, 2022.

『하나님께 아룁니다』. 서울: 말씀과 언약, 2020.

『교회, 그 그리운 이름』. 서울: 말씀과 언약, 2021.

『데이비드 웰스와 함께하는 하루』. 서울: 말씀과 언약, 2021.

『성경적 종말론과 하나님 백성의 삶』. 서울: 말씀과 언약, 2022.

『변증목회: 그 가능성과 실제』. 서울: 말씀과 언약, 2023.

『벨직신앙고백서 강해』. 서울: 말씀과 언약, 2023.

『교리사』. 수원: 합신대학원 출판부, 2023.

예수 그리스도를 믿는 사람들은 다 이런 바른 성경적 이해를 가지고 있어야 합니다.

우리들은 이 세상 사람들과 죽음 자체도 다르게 이해하고, 죽음 이후의 상태에 대해서도 다르게 이해하며, 또 그다음에 오는 상태에 대해서도 다르게 이해합니다. 죽음, 죽음 이후의 상태, 그리고 그다음에 있는 최종적 상태에 대해서 차례로 생각해 봅시다. 이것이 그리스도인에게는 죽음(death), 죽음 이후의 삶(the life after death), 그리고 죽음 이후의 삶 이후의 더 풍성한 삶(the life after the life after death)으로 요약될 수 있습니다. 끝까지 믿지 않은 사람들에게는 고난의 삶과 아주 비참한 죽음, 죽음 이후의 비참함, 그 이후의 소망이 없는 영원한 죽음으로 요약됩니다.

죽음으로부터 시작해 봅시다. 이 세상 사람들이 죽음을 이해하는 것과 그리스도인이 죽음을 이해하는 것은 어떻게 다른 것일까요? 먼저 이 문제부터 생각해 보기로 합시다.

_들어가는말 중에서

ISBN 979-11-987009-2-6

93230>

9 791198 700926

가격 : 6,000원